国家社会科学基金重点项目

U0113334

"一带一路"倡议与全球经济治理研究

桑百川 等著

中国商务出版社
CHINA COMMERCE AND TRADE PRESS

图书在版编目（CIP）数据

　　"一带一路"倡议与全球经济治理研究 /桑百川等著 . —北京 :中国商务
出版社 ,2021.9（2023.1重印）
　　ISBN 978-7-5103-3983-7

　　Ⅰ.①一… Ⅱ.①桑… Ⅲ.①"一带一路"－国际合作－研究②世界经济－
经济治理－研究 Ⅳ .①F125 ②F113

　　中国版本图书馆 CIP 数据核字（2021）第 202860 号

"一带一路"倡议与全球经济治理研究
YI DAI YI LU CHANGYI YU QUANQIU JINGJI ZHILI YANJIU
桑百川　等著

出　　版：中国商务出版社
社　　址：北京市东城区安定门外大街东后巷 28 号　　邮政编码：100710
网　　址：http ://www.cctpress.com
电　　话：010-64212247（总编室）　　010-64241423（事业部）
　　　　　010-64208388（发行部）
印　　刷：三河市明华印务有限公司
开　　本：710 毫米 ×1000 毫米　　1/16
印　　张：14.75
版　　次：2021 年 11 月第 1 版　　印　　次：2023 年 1 月第 2 次印刷
字　　数：218 千字　　　　　　　　定　　价：79.00 元

前　言

　　以中国为代表的新兴市场国家和发展中国家的群体性崛起，使世界经济重心转移的趋势日益明显，全球政治经济权力格局也随之发生重大变化。第二次世界大战后建立的以联合国、世界银行、国际货币基金组织、世界贸易组织等多边国际组织为主体的全球治理体系，虽然为维护经济全球化发挥了重要作用，但无法适应新的全球经济格局的变化。2008 年金融危机爆发，贸易投资保护主义盛行，全球化遭遇逆流，世界经济动荡加剧，国际社会意识到，改革全球经济治理体系势在必行。中国自 20 世纪 70 年代末实施改革开放后，经过 40 多年的努力，已成为全球经济体系中最为重要的成员之一，积极主动参与全球经济治理是中国作为世界经济大国的客观要求和现实选择。

　　习近平总书记创造性地提出"一带一路"倡议后，国际社会出现巨大反响。有人称之为"一带一路"战略，这是对"一带一路"倡议的误读。"一带一路"倡议是中国的倡议，不仅与中国相关，也涉及世界其他国家。中国可以制定经济社会发展战略、地区战略、产业发展战略等国内战略，也制定过涉及世界的对外经贸战略，如"走出去"战略，这些战略都是政府组织国内资源促进国民经济和社会发展的导向，是政府可以掌控的。但"一带一路"倡议涉及"一带一路"相关国家和地区，也涉及世界其他国家和地区，中国不可能掌控别国资源，要求别国按照中国的战略从事经济建设。它只是一个倡议，希望认同倡议理念的国家共同参与"一带一路"建设，共享"一带一路"建设的成果。也有人认为"一带一路"倡议是新马歇尔计划，中国具有政治野心和地缘政治诉求。这更是对"一带一路"倡议的歪曲抹黑。"一带一路"倡议与地缘政治无关，中国没有地缘政治诉求。"一带一路"倡议是国际经济合作的平台，是造福世界的实践，是完善全球治理制度体系的一次系统性主张，有助于在完善全球治理机制和开放的世界经济的过程中实现各国互利共赢。

基于上述考虑，把"一带一路"倡议与完善全球经济治理结合起来研究，探讨"一带一路"倡议和"一带一路"建设如何服务于完善全球经济治理，如何落实"一带一路"倡议，把倡议转变为行动，具有重要的学术价值和实践意义。

本书从完善全球经济治理的视角，研究"一带一路"倡议的理念、原则、建设方案及如何助力克服世界市场失灵，改善全球经济治理，推动形成新型经济全球化，构建新型区域经济合作模式。全书分为导论、国内外相关理论研究、"一带一路"倡议的经济理论基础、共商、共建、共享：新型经济全球化、"五通"：缓解世界市场失灵的中国方案、"六大经济走廊"：缓解世界市场失灵中的新型区域经济合作六个部分。

第一，"一带一路"倡议的经济理论基础是什么？这是首先要回答的问题。西方现代经济学提出了市场失灵理论，在拓展西方经济学市场失灵理论基础上，形成马克思主义的世界市场失灵理论，主要包括经济全球化下世界市场失灵的机理、根本原因、具体表现。在分析"一带一路"倡议，助力缓解世界市场失灵的功能、路径中，可以建立世界市场失灵理论与"一带一路"倡议的理论联系，确立"一带一路"倡议的经济学理论基础，找到"一带一路"倡议的立论基础、存在的价值和意义，从而传播正确的"一带一路"建设理念、方案，依托经济理论推动"一带一路"倡议的总体完善、价值升华、政策制定和宣传推介。

第二，由于存在世界市场失灵，就需要完善全球经济治理体系。为此，有必要通过剖析全球经济治理体系演变趋势，深入分析全球经济治理失灵的根源，研究"一带一路"倡议，修正全球经济治理失灵、缓解世界市场失灵的作用机制以及着力点，搭建起"一带一路"倡议这一中国全球经济治理方案的理论分析框架。

第三，世界市场失灵、全球经济治理赤字是经济全球化中的矛盾。梳理经济全球化的发展脉络，在对前两波经济全球化进行比较研究的基础上，阐释共同发展导向经济全球化的中国理念，厘清何为发展导向，与丛林法则、规则导向的区别何在，阐明"一带一路"倡议如何共商、如何共建、如何共享，回答"一带一路"倡议如何与缓解世界市场失灵和改革现有全球经济治理体系对接，也是理论界面对的重大课题。

第四，"一带一路"倡议提出的政策沟通、设施联通、贸易畅通、资金融通、民心相通即"五通"主张，正是为缓解世界市场失灵、完善全球经济治理、确立发展导向的经济全球化而设计的方案。"五通"为什么能够助力缓解世界市场失灵、完善全球经济治理、推动共同发展导向的经济全球化？这需要探讨"五通"缓解世界市场失灵的作用机制，具体包括，政策沟通如何能够降低信息不对称和负的外部性，设施联通如何能够缓解世界公共物品有效供给不足的问题，贸易畅通和资金融通如何打破经贸规则制定权和国际金融市场的垄断现状，以及民心相通如何缓解了信息不对称的问题。什么状态才是实现了"五通"？如何定量测量和评估"五通"？需要建立指标体系，测量"五通"的发展现状，定量评估"一带一路"沿线国家实现"五通"的合作潜力。

第五，"一带一路"倡议提出建设"六大经济走廊"，这是缓解世界市场失灵、完善全球经济治理、促进国际区域经济合作、推动世界共同发展的行动方案。有必要分析阐释六大经济走廊的新型区域经济合作特征与六大经济走廊缓解世界市场失灵、完善全球经济治理的影响机制、作用效果，具体包括，在经济全球化新局下，"一带一路"六大经济走廊如何创新了区域经济合作模式，以适应区域主义兴起的发展趋势，进而通过区域经济合作来参与共同发展导向的经济全球化；代表了新型区域经济合作发展方向的"一带一路"六大经济走廊建设，具体通过哪些途径来有效缓解世界市场的失灵，进而推动全球发展的效率、公平与稳定。

本书致力于构建以下思想体系：

第一，不仅在市场经济国家内部存在市场失灵和政府失灵，而且在经济全球化趋势下世界市场的形成过程中，也存在世界市场失灵和全球经济治理失灵，当今的世界市场机制在全球资源配置中有许多问题解决不了、解决不好、不能解决，包括效率、公平、稳定三大问题。少数发达国家和跨国公司垄断世界市场、破坏世界市场机制的功能、阻碍技术扩散、扭曲全球资本流动和世界资源优化配置、制约落后国家的经济社会发展，导致公共产品尤其是发展中国家和最不发达国家的公共产品供给严重匮乏，污染、环境破坏和资源掠夺性开发等负外部性问题令人忧心；少数发达国家的财富堆积与大多数发展中国家的贫困并存，南北差距巨大的现实没有得到改观；个别国家爆发的金融危机通过世界资本市场、国际投资与贸易等活动迅速传导到其他国家，引发全球性金融危机和世界经济衰退，冲击各国经济持续稳定发展。而现有的全球经济治理体系存在缺陷，无法解决世界市场失灵的问题。为缓解世界市场失灵、增进世界市场资源配置效率、促进世界公平、实现世界经济均衡稳定发展、提高全球经济治理能力和治理效能，必须变革并完善全球经济治理体系。

第二，尽管美国主导建立的布雷顿森林体系三大支柱对全球经济治理发挥了重要功能，但这一发达国家主导的水平型全球经济治理具有明显缺陷：它主要迎合了发达经济体之间的水平型经济合作诉求，发展中国家在GATT的前7个回合谈判中作用较小，IMF为维护贷款者利益提出的种种条件，难以契合受援国实际并保障经济正常发展，世界银行略显边缘化，在战后重建中一直被笼罩在马歇尔计划的阴影中。全球经济治理三大平台的自我调整并没有消除其根本缺陷。包括新兴经济体在内的发展中国家仍然无法有效参与全球经济治理决策；过度强调经济自由化，忽视各国具体经济社会条件；多边组织决策体制也正遭受民主赤字困扰，无法真正考虑发展中国家的利益。目前，全球经济治理面临着碎片化的风险。随着以WTO多哈回合谈判为载体的多边贸易进程长期受阻，区域经济合作加速发展，但错综复杂的各种自由贸易协定也形成了"意大利面条碗效应"，使全球经济治理碎片化。单边主义、贸易投资保护主义抬头。美国曾作为全球化主导者，重视领导权和全球制度的建设，然而却要抛弃WTO。美国是经济全球化的受益者，然而美国国内受益不均。精英阶层受益大，中小企业和中下阶层受益小，因此在美国质疑全球化的声音越来越多，单边主义、贸易投资保护主义抬头，多边经贸规则和自由贸易理念面临着严重冲击。"一带一路"倡议恰恰有助于缓解世界市场失灵，改善全球经济治理体系。

第三，"一带一路"倡议推动从以规则导向为主转向以包容性规则为基础、以共同发展为导向。以包容性规则为基础、以共同发展为导向的全球经济治理重视规则，也更强调非正式制度安排的作用，尊重各国自主意愿，在共同协商的基础上，寻求各国最大公约数，确立各国可接受的互利共赢价值理念，形成国际社会共识，以能力建设为基点，以推动各国贸易投资和经济社会发展、实现包容性增长为基本目标，提高各国尤其是广大发展中国家经济技术开发能力，以及企业投资、贸易和全球资源配置能力，注重落后国家人力资源开发，提升社会公众就业竞争力，缩小各国经济发展差距，促进国际社会公平，构建人类命运共同体。以包容性规则为基础、以共同发展为导向的全球经济治理体系并不排斥制度规则建设，而是把正式的制度安排与非正式的制度安排结合起来，在多边、诸边、双边等国际经贸规则中坚持发展优先、互利共赢，注重提升发展中国家和弱势群体的发展能力，实现世界各国经济均衡发展。

第四，"一带一路""三共"原则体现出以规则为基础、以共同发展为导向的新型经济全球化和全球经济治理的中国理念。共商不同于历史上的殖民主义、帝国主义和霸权主义，参与各国无论大小贫富，地位一律平等，共同协商"一带一路"建设事宜，充分反映并尊重各方利益诉求和共同意志，体现了新的全球化决策机制；共建不同于历史上的中心－外围分工体系，也不同于垂直一体化的"嵌入型"全球价值链分工体系，参与各国力争将经济发展战略融为一体，合理分工、共同建设，体现了新的全球化分工合作模式；共享不同于历史上偏向列强和发达国家、跨国公司的分配机制，参与各国相对均等地共享发展利益，实现利益共通和命运共通，体现了新的全球化分配机制。同时，"三共"原则是以发展为导向的治理理念，不同于以往的丛林法则和简单的规则导向，是全新的全球经济治理理念。

第五，"五通"是"一带一路"倡议下缓解市场失灵的中国方案。政策沟通有助于缓解信息不对称和负外部性导致的世界市场失灵；设施联通有助于缓解公共物品导致的世界市场失灵；贸易畅通有助于缓解经贸规则制定垄断权导致的世界市场失灵，并提高世界市场效率；资金融通有助于缓解国际金融市场的垄断所导致的世界市场失灵；人心相通有助于缓解信息不对称导致的世界市场失灵。"五通"之间并非相互独立和割裂的，而是存在密切内在联系的。"五通"发展以政策沟通为机制保障，以人心相通为文化基础，以贸易畅通、资金融通和设施联通为实现途径。其中，资金融通是贸易畅通和设施联通的资金支持和催化剂，设施联通和人心相通有助于推进贸易畅通。

本书还寻求构筑起传播"一带一路"倡议的新的话语体系。首先，运用马克思主义政治经济学理论解释"一带一路"倡议的实质和价值观，提出矫正"世界市场失灵"是"一带一路"倡议基础理论的新提法，并具体揭示"一带一路"助力矫正世界市场失灵的具体机制和途径，与西方经济学中的"市场失灵""政府失灵"理论的语境对接，对于提升"一带一路"话语体系的表达效果和影响力具有重要价值。其次，基于"一带一路"倡议的新型经济全球化以发展导向为治理观念，"不仅中西、更有南北"，侧重从发展中国家的视角看待全球化。这不是传统意义上的"西方中心论"的全球化，而是研究发展中国家如何共同发展，体现"一带一路"倡议中的共同发展导向和共同治理理念的全球化。因此，基于"一带一路"倡议发展导向的新型经济全球化学说，真正体现了全体人类的利益、命运和责任共同体，是对经济全球化话语体系的创新。

作者

2021. 8

CONTENTS
目　录

第一章
导　论

第二章
国内外相关理论研究

第三章
“一带一路” 倡议的经济理论基础

第四章
共商、共建、共享：新型经济全球化

第五章

"五通"：缓解世界市场失灵的中国方案

第六章

六大经济走廊：缓解世界市场失灵中的新型区域经济合作

CHAPTER 1

第一章

导 论

以中国为代表的新兴市场国家和发展中国家的群体性崛起，使世界经济重心转移的趋势日益明显，全球政治经济权力格局也随之发生重大变化。第二次世界大战后重建的以联合国、世界银行、国际货币基金组织、世界贸易组织等多边国际组织为主体的全球治理体系，存在治理方向发生偏差、治理手段鲜有成效、治理秩序无法适应新的全球经济格局等问题。2008年金融危机的爆发使国际社会意识到，改革全球经济治理体系是全球经济治理的重要议题（裴长洪，2014）。中国自20世纪70年代末改革开放后，经过近40年的努力，已成为全球经济体系中最为重要的成员之一，积极主动参与全球经济治理是中国作为世界经济大国的客观要求和现实选择，而"一带一路"倡议已成为我国参与国际经济合作和全球经济治理的重要平台（桑百川，2016）。卫玲等（2017）认为，在2008年全球金融危机影响持续、英国脱离欧盟、欧洲右翼势力抬头、TPP名存实亡、贸易保护加剧等世界经济背景下，中国提出建设"一带一路"是主动参与全球治理制度体系的一次系统性倡议，为的是推进全球治理机制的完善，实现具有前瞻性和探索性的互利共赢实践。国务院发展研究中心课题组（2018）认为现有的全球经济治理体系不适应国际经济格局的变化，全球经济治理的有效性受到广泛质疑，全球经济治理体系必然进入加速变革期。本书把"一带一路"倡议与完善全球经济治理结合起来研究，探讨"一带一路"倡议和"一带一路"建设如何服务于完善全球经济治理。

一、 研究价值

（一）学术价值

由于"一带一路"倡议不仅仅包含经济措施，也不局限于科技、地缘政治或文化交流，既是引领新一轮经济全球化、改善全球经济治理的方案，也是中国新一轮对外开放的重大安排；既是区域合作平台，也有经济外交的考虑。因此，包括经济学、国际关系学乃至跨文化交流等跨学科，都尝试对"一带一路"倡议进行了理论解释。但是，"一带一路"倡议作为我国重大的战略选择，如何以马克思主义经济学为指导，对"一带一路"倡议经济学基础理论研究中的关键问题——"一带一路"倡议的经济理论基础展开探讨，建立起"一带一路"倡议的经济理论基础，具有重大的理论和现实价值。

以马克思主义关于世界市场的学说和理论为基础来阐释"一带一路"倡议的经济理论基础，具有一定的合理性和说服力。"市场失灵"和"政府失灵"虽然是西方经济学率先使用的概念，但并非西方经济学的专利，马克思主义经济学早已经深刻阐述了"市场失灵"思想。马克思早就指出了资本主义经济的矛盾，并提出在经济全球化中国内的经济矛盾必然转化为世界经济矛盾。在借鉴西方经济学关于市场失灵和政府失灵理论的基础上，发展的马克思主义经济学把一国内部的市场失灵和政府失灵理论加以拓展，提出世界市场失灵理论和全球经济治理失灵理论，解释"一带一路"倡议中基本的经济学命题，将有巨大的研究发展空间，这也是本书研究的重要任务。

在全球经济治理失灵（赤字）与"一带一路"倡议研究方面，当前的研究集中在分析全球经济治理变革的必要性，以及全球经济治理变革的根源，对于"一带一路"倡议与全球经济治理之间的关系问题虽有阐述，但更多地只限于从侧面去表述"一带一路"倡议对于我国参与全球经济治理的作用，并没有深入研究两者间的作用机理，而且，当前的研究缺乏为我国依托"一带一路"倡议参与全球经济治理并实现经济治理、纠正世界市场失灵这一重要目标的经济学基础理论的相关成果。尤其是尚未提供"一带一路"倡议的相关经济学理论基础，缺乏基于纠正世界市场失灵这一治理目标的深入研究。在这些方面深入探索相关经济学基础理论，对于我国进一步依托"一带一路"倡议，深度参与、引领全球经济治理具有重要的战略意义。

（二）应用价值

第一，以"一带一路"倡议为基础探讨我国积极参与全球经济治理的有效路径。本书为探索未来"一带一路"合作机制如何更好地推动未来全球经济治理机制的运行提供决策支持,提出"一带一路"推动新型全球经济治理体系的中国方案。

第二,提出新型经济全球化的"中国主张"。当全球化遭遇困境、"新民粹主义"甚嚣尘上之际,中国坚持积极参与经济全球化的战略取向和道路选择。然而,我们也要正视全球化中不平等、不平衡、不可持续的一面,要认识到经济全球化需要新的思路和倡议。本书从发展中国家的视角,以"一带一路"倡议为基础,提出以发展导向为治理理念、以"三共"为运行机制的新型全球化"中国主张",并通过推进"一带一路"建设,促进中国与沿线国家的经济贸易合作,创新合作模式,打造新合作机制,分享中国参与全球化的经验,为全球化深入发展提供中国方案。

第三,为推动"一带一路"倡议重点建设内容的"五通"工作提供智力支撑。本书关于"五通"缓解世界市场失灵的机制分析,有助于加深学界和社会各界对于"五通"发展的理解,可以为"五通"建设提供重要的政策建议,从而有助于稳妥、有效地推进"一带一路"建设,达成预期的互利共赢的效果。

第四,推动"一带一路"六大经济走廊建设。六大经济走廊是"一带一路"建设的重点。本书将为六大经济走廊建设提供政策建议,同时,研究六大经济走廊建设过程中与现存众多跨区域、区域或次区域机制的配合,由此系统构建"一带一路"倡议的新制度战略。

二、 核心问题

对于本书涉及的关键问题、重点和难点问题,需要加以明确。

(一) 关键性问题

第一,论证"一带一路"倡议的经济学理论基础。即拓展现有的市场失灵理论,形成马克思主义的世界市场失灵理论,主要包括经济全球化下世界市场失灵的机理、根本原因、具体表现,"一带一路"倡议助力缓解世界市场失灵的功能、路径,建立世界市场失灵理论与"一带一路"倡议的理论联系,确立"一带一路"倡议的经济学理论基础,以便巩固"一带一路"倡议的立论基础、存在的价值和意义,传播正确的"一带一路"建设理念、方案,使得经济理论能够服务于"一带一路"倡议的总体完善、价值升华、政策制定和宣传推介。这是"一带一路"倡议经济学基础理论研究的关键问题,也是本书要解决的关键性问题,同时也是重点问题。

第二,剖析全球经济治理体系演变趋势,深入分析全球经济治理失灵的根源,研究"一带一路"倡议修正全球经济治理失灵、缓解世界市场失灵的作用机制以及着力点,搭建起"一带一路"倡议这一中国全球经济治理方案的理论分析框架,这是"一带一路"作用于全球经济治理研究的关键性问题。

第三,新型经济全球化"新"在哪里?全球经济治理新理念"新"在哪儿?要在对前两拨经济全球化进行比较研究的基础上,阐释发展导向经济全球化的中国理念,需要详细阐明何为发展导向,其与丛林法则、规则导向的区别何在?同时,如何共商、如何共建、如何共享,不能仅仅停留在理念和口头层面,还要回答如何与环境世界市场失灵和现有治理体系变革对接的问题。这也是本书涉及的关键性问题。

第四,"五通"缓解世界市场失灵的作用机制及"五通"的定量测量和评估。具体包括,政策沟通如何能够降低信息不对称和负的外部性,设施联通如何能够缓解世界公共物品有效供给不足的问题,贸易畅通和资金融通如何打破经贸规则制定权和国际金融市场的垄断现状,以及民心相通如何缓解信息不对称的问题。这都是理论上需要深入分析的科学问题;如何建立指标体系,测量"五通"的发展现状,定量评估"一带一路"沿线国家"五通"的合作潜力,是本书研究的另一关键问题。

第五,六大经济走廊的新型区域经济合作特征与六大经济走廊缓解世界市场失灵的影响机制、作用效果。具体包括,在经济全球化新局下,"一带一路"六大经济走廊如何创新了区域经济合作模式,以适应区域主义兴起的发展趋势,进而通过区域经济合作来参与经济全球化;代表了新型区域经济合作发展方向的"一带一路"六大经济走廊建设，具体通过哪些途径来有效缓解世界市场的失灵，进而推动全球发展的效率、公平与稳定。这是本书研究的另一个关键问题。

（二）重点、难点问题

第一，如何以"一带一路"倡议为抓手，助力缓解世界市场失灵，即子课题一理论与实践相结合的实践部分。如何将马克思主义经济理论与当代世界经济发展的实际以及"一带一路"倡议的实践相结合，并利用理论去指导"一带一路"实践，设计和完善"一带一路"框架和机制，解决实际问题，推动当今世界市场失灵问题的解决，是本书要解决的难点问题。

第二，比较分析"一带一路"合作机制以及现有全球经济治理机制的优缺点，找出"一带一路"推动未来全球经济治理机制优化的方向。将"一带一路"合作机制嵌入优化全球经济治理机制中，提出"一带一路"推动新型全球经济治理体系的中国方案。

第三，如何从治理观念、决策机制、分工机制、分配机制四个重点方面，对经济全球化的发展历史进行横向和纵向比较分析，提炼经验，总结教训。提出与历史上经济全球化截然不同的新型经济全球化的核心理念、内涵和特征。

第四，"五通"作用机制的实证检验问题。两个变量之间的因果关系和相关关系易检验，但目前的实证研究主要集中在检验某个作用机制上。

第五，为了对六大经济走廊的新型区域经济合作特征进行分析，需要对六大经济走廊与现有众多的区域经济合作机制进行对比分析，并在此基础上归纳总结，涉及的信息量较大，并考验抽象概括能力。在实证检验六大经济走廊缓解世界市场失灵的经济效应时，涉及基础设施互联互通、贸易创造效应、投资促进效应、产业升级效应、经济联动效应等多渠道的检验，查找六大经济走廊沿线国家、城市的相关资料与数据，基于不同理论机制搭建实证分析框架，并进行具体的计量模型检验，也具有一定的难度。

三、 创新之处

(一) 问题选择

目前关于"一带一路"倡议经济理论基础的研究相对薄弱，这是"一带一路"研究的一个致命缺陷，没有经济理论的支撑，"一带一路"就是无源之水、无本之木，对于"一带一路"倡议的宣传推介十分不利。本书在明确"一带一路"倡议的经济学基础理论的前提下，阐释"一带一路"倡议在缓解世界市场失灵、完善全球经济治理体系中的作用，探讨如何在"一带一路"建设中助力改善全球经济治理，是对"一带一路"研究体系的必要补充，对于丰富"一带一路"的理论内涵，正确认识"一带一路"倡议的理念，推动落实"一带一路"倡议，具有重要的理论和实践意义。

(二) 学术观点

首先，本书在学术上运用马克思主义经济学的方法论，拓展市场失灵理论和政府失灵理论，形成世界市场失灵理论和全球经济治理失灵理论，认为不仅在市场经济国家内部存在市场失灵和政府失灵，而且在经济全球化趋势下世界市场的形成过程中，也存在世界市场失灵和全球经济治理失灵，当今的世界市场机制在全球资源配置中有许多问题解决不了、解决不好、不能解决，其中包括效率、公平、稳定三大问题，而现有的全球经济治理体系存在缺陷，无法解决世界市场失灵的问题。"一带一路"倡议恰恰有助于缓解世界市场失灵、改善全球经济治理体系。马克思主义的世界市场失灵理论构成了"一带一路"倡议的经济理论基础。

其次，"一带一路""三共"原则是新型经济全球化和全球经济治理的中国理念：共商不同于历史上的殖民主义、帝国主义和霸权主义，参与各国无论大小贫富地位一律平等，共同协商"一带一路"建设事宜，充分反映并尊重各方利益诉求和共同意志，体现了新的全球化决策机制；共建不同于历史上的中心－外围分工体系，也不同于垂直一体化的"嵌入型"全球价值链分工体系，参与各国力争将经济发展战略融为一体，合理分工、共同建设，体现了新的全球化分工合作模式；共享不同于历史上偏向列强和发达国家、跨国公司的分配机制，参与各国相对均等地共享发展利益，实现利益共通和命运共通，体现了新的全球化分配机制。同时，"三共"原则是以发展为导向的治理理念，不同于以往的丛林法则和规则导向，是全新的全球经济治理理念。

最后，"五通"是"一带一路"倡议下缓解市场失灵的中国方案。政策沟通有助于缓解信息不对称和负外部性导致的世界市场失灵；设施联通有助于缓解公共物品导致的世界市场失灵；贸易畅通有助于缓解经贸规则制定垄断权导致的世界市场失灵，并提高世界市场效率；资金融通有助于缓解国际金融市场的垄断所导致的世界市场失灵；人心相通有助于缓解信息不对称导致的世界市场失灵。"五通"之间并非相互独立和割裂的，而是存在密切内在联系的。"五通"发展以政策沟通为机制保障，以人心相通为文化基础，以贸易畅通、资金融通和设施联通为实现途径。其中，资金融通是贸易畅通和设施联通的资金支持和催化剂，设施联通和人心相通有助于推进贸易畅通。

（三）研究方法

首先，马克思主义理论与实践相结合的研究方法对于"一带一路"研究是一大推动力。目前关于"一带一路"的研究大多以应用性研究为主，对理论性和理论与应用的结合性研究极少，虽然一些研究也涉及理论联系实践的理念，但并未明确"一带一路"倡议的经济理论基础，因而无法将理论与"一带一路"的实践相结合。本书将马克思主义世界市场失灵的"理论"与"一带一路"倡议的"实践"相结合，以马克思主义的实践观为基础揭示"一带一路"倡议的本质和理论基础，使理论与实践统一并有机结合，这是本书在研究方法上的推进之处。

其次，运用实证分析方法突破现有的经济效应评估模式。本书将世界市场失灵理论融入其中，重点研究六大经济走廊通过设施联通、贸易创造、投资促进、产业升级、经济联动的渠道在缓解世界公共产品供求失衡、增进世界市场效率、克服金融与技术市场垄断、缩小国际贫富差距、促进全球经济可持续发展等方面的作用,是对"一带一路"助力矫正世界市场失灵理论的检验与证明。

(四) 话语体系

首先,"一带一路"是开放的区域主义,不仅沿线国家可以参与,也欢迎世界上其他国家参与建设。话语表达直接影响相关参与方对"一带一路"精神内涵、政策措施的理解和把握。为了取得世界范围内更广泛的理解和支持,需要在推介"一带一路"的话语表达方式上形成新思路,以促进"一带一路"宣介效果和推进效率的提升。本书运用马克思主义政治经济学理论解释"一带一路"倡议的实质和价值观,提出矫正"世界市场失灵"是"一带一路"倡议基础理论的新提法,并具体揭示"一带一路"助力矫正世界市场失灵的具体机制和途径,与西方经济学中的"市场失灵""政府失灵"理论的语境对接,对于提升"一带一路"话语体系的表达效果和影响力具有重要价值。

其次,基于"一带一路"倡议的新型经济全球化以发展导向为治理观念,"不仅中西、更有南北",侧重从发展中国家的视角看待全球化。这不是传统意义上的"西方中心论"的全球化,而是研究发展中国家如何共同发展,体现"一带一路"倡议中的共同发展导向和共同治理理念的全球化。因此,基于"一带一路"倡议发展导向的新型经济全球化学说,真正体现了全体人类的利益、命运和责任共同体,是对经济全球化话语体系的创新。

CHAPTER 2

第二章

国内外相关理论研究

通过全面系统的文献梳理，找出本书需要进一步研究的问题，确立研究的视角。

一、 国内外相关研究梳理

在本书涉及的相关研究领域，国内外学者取得了较丰富的研究成果，为本书的研究奠定了基础，相关成果主要包括以下几个方面。

（一）"一带一路"倡议理论研究

"一带一路"是"丝绸之路经济带"和"21世纪海上丝绸之路"的简称。2013年9月7日，习近平主席在哈萨克斯坦纳扎尔巴耶夫大学发表演讲，提出了共同建设"丝绸之路经济带"的畅想。同年10月3日，习近平主席印度尼西亚国会发表演讲，提出共同建设"21世纪海上丝绸之路"。这二者共同构成了"一带一路"倡议。2013年11月，中共中央十八届三中全会通过的《中共中央关于全面深化改革若干重大问题的决定》指出："加快同周边国家和区域基础设施互联互通建设，推进丝绸之路经济带、海上丝绸之路建设，形成全方位开放新格局。"自此，"一带一路"倡议正式成为我国的重要实践。为了让"一带一路"倡议更好地推动世界经济的发展，必须正确认识"一带一路"倡议的经济学理论基础和政策涵义。

1. 党和国家领导人关于"一带一路"倡议的论述

习近平总书记非常重视"一带一路"，在各种重大场合反复谈及。相关论述和主要观点包括："一带一路"建设根植历史，面向未来；"一带一路"建设是一个开放包容的合作平台，是各方共同打造的全球公共产品；将"一带一路"建成和平之路、繁荣之路、开放之路、创新之路、文明之路，为破解全球化进程挑战擘画更清晰的行动纲领；在经济全球化大舞台和国际关系演进大格局上谋划布局"一带一路"建设，着眼于构建人类命运共同体；提出了中国进一步推进"一带一路"建设的一系列务实举措（2017年5月14日）；"一带一路"成效惠及世界（2017年1月17日）；做好"一带一路"建设同欧亚经济联盟建设对接（2017年1月6日）；推进"一带一路"倡议，通过同区域伙伴共商、共建、共享，为亚太互联互通事业做贡献（2016年11月20日）；推动"一带一路"建设和"环孟加拉湾多领域经济技术合作倡议"有关规划有机对接（2016年10月16日）；"一带一路"倡议旨在同沿线各国分享中国发展机遇，实现共同繁荣（2016年9月3日）；构建"一带一路"互利合作网络、共创新型合作模式、开拓多元合作平台、推进重点领域项目，携手打造"绿色丝绸之路""健康丝绸之路""智力丝绸之路""和平丝绸之路"（2016年7月25日）；以共商、共建、共享为"一带一路"建设的原则，以和平合作、开放包容、互学互鉴、互利共赢的丝绸之路精神为指引，以打造命运共同体和利益共同体为合作目标（2016年6月22日）；"一带一路"倡议唤起了沿线国家的历史记忆，赋予古代丝绸之路全新时代内涵；民心相通是"一带一路"建设的人文基础；我国是"一带一路"的倡导者和推动者，但建设"一带一路"不是我们一家的事；"一带一路"建设既要确立国家总体目标，也要发挥地方积极性（2016年4月29日）；以签署共同推进"一带一路"建设政府间谅解备忘录为重要契机，加强各自发展战略和愿景的对接（2016年3月26日）；不同民族、不同文化要"交而通"；互联互通是贯穿"一带一路"的血脉（2016年1月21日）；欢迎搭乘中国发展的"顺风车"（2016年1月16日）；"一带一路"倡议是对古丝绸之路的传承和提升；本着互利共赢的原则同沿线国家开展合作，让沿线国家得益于我国发展；推进"一带一路"建设，要抓住关键的标志性工程（2014年11月4日）。"一带一路"建设已经迈出坚实步伐，要推动"一带一路"建设行稳致远，迈向更加美好的未来（2017年5月14日）；"一带一路"倡议丰富了国际经济合作理念和多边主义内涵，为促进世界经济增长、实现共同发展提供了重要途径（2019年3月26日）；秉承共商、共建、共享的理念，坚持以企业为主体、市场化运作、互利共赢的原则，构建开放、市场导向的投融资体系，推动"一带一路"建设高质量发展（2019年4月25日）。

2. "一带一路"基础理论

自中国提出"一带一路"倡议，国内外学者就对它展开了理论研究。众多研究显示，古丝绸之路精神、马克思主义以及西方区域经济学理论是"一带一路"学术理论的基础。

在"一带一路"倡议提出之前，国内外学术界已经对"丝绸之路学"进行过系统的研究，学者们普遍认为丝绸之路是古代东西方文明之间交流的重要通道。从经济的视角解读，丝绸之路的兴起是长时期内贸易各方交易成本最小化的选择；从政治的视角解读，丝绸之路将带动社会进步和稳定国际环境；从文化的视角解读，丝绸之路是跨区域跨文化的互动融合。如今的"一带一路"倡议以丝绸之路为文化象征，并在此基础上赋予它新的使命和时代内涵（李向阳，2015；王颂吉等，2017；张亚光，2016；白永秀等，2017；王亚军，2017；袁新涛，2014）。王义桅（2015）提出，"一带一路"倡议继承了古丝绸之路开放包容、兼收并蓄的精神，而新的时代背景使得"一带一路"政策在"空间"和"性质"两大方面超越传统丝绸之路的内涵，创造性的继承将为沿线国家提供更多的发展机遇。卫玲（2017）表示，丝路精神超越了现代缔约政治的零和思维模式，开创了世界可持续发展的文明新范式。

"一带一路"理论是21世纪当代中国马克思主义的最新成果，是马克思的世界历史理论和国际国内情况的结合，也是对马克思主义国际市场理论与全球化思想的丰富和完善（李敏秀等，2017；董宇坤，2015；范锡文，2016；白永秀等，2017）。桑百川等（2016）认为，由于发达国家对国际金融机构及先进生产技术的垄断、全球公共物品供给严重不足、"负外部性"频发和国际社会贫富差距拉大等现实原因，马克思主义的世界市场失灵理论构成了"一带一路"倡议的理论基础。桑明旭（2016）认为马克思主义的辩证唯物主义和历史唯物主义是"一带一路"的理论根基，构建良好公共性、实现全球公正发展则是"一带一路"的目标和时代价值。

"一带一路"经济学也需要综合国际经济学和区域经济学研究内容，开展综合研究（吴振磊，2017）。

现有经济学框架下的理论研究可以在一定程度上指导"一带一路"倡议，但是面临崭新而复杂的发展环境，形成创新且行之有效的"一带一路"经济学已经成为我国学术界的共识。白永秀等（2017）表示，需要梳理学术界对"一带一路"研究的已有成果，并把这些成果理论化、系统化。将马克思主义经济学体系与现代西方经济学体系有机融合，创新出属于我们自己的"一带一路"经济学方法、经济学思想与理论，展现我们在经济建设方面的理论自信与制度自信。

吴振磊等（2017）认为，"一带一路"经济学的学科特点表现为综合性和新兴性。综合性体现在其对部分社会学科和重点经济学科的综合，新兴性体现在其提供并确立了新的研究视角、研究对象和研究主线。新的视角在于全球化的第三次浪潮和 3.0 时代，新的研究对象是新型全球化背景下"一带一路"沿线国家以贸易投资为支撑的国际分工合作关系，新的研究主线是新型全球化背景下"一带一路"沿线国家以互联互通为基础的协同发展。

孙吉胜（2020）认为，"一带一路"倡议具有鲜明的中国特色，以三共原则为基础，强调平等、开放、包容、发展，强调合作的渐进性、过程性、协商性、长远性，应该把中国实践从经验层面上升到理论层面，将中国实践转化为具有普遍意义的理论知识。

3. 市场失灵与世界市场学术史梳理

（1）西方经济学市场失灵学术史梳理

亚当·斯密在 1776 年出版的《国民财富的性质和原因的研究》中，系统阐述了自由放任的经济理论和政策主张，提出市场经济具有自然的、协调的和系统的优越性，"看不见的手"成为市场机制的代名词。

然而，在市场的不断运行中，一些经济学家如西斯蒙第、约翰·穆勒、马尔萨斯等都开始质疑市场机制的完美。但是，他们也只是根据分配不公平、贫富差距过大和社会生产过剩等现象强调市场运行结果的缺陷，并不能构成市场失灵的理论体系。

西方经济学直到英国古典经济学家约翰·斯图亚特·密尔在 19 世纪中期提出关于公共物品和外部性等问题，才开始认识到"市场失灵"。1958 年，在弗朗西斯·M·巴托所著《市场失灵分析》一书中,"市场失灵"作为经济学术语首次出现。

市场失灵理论借助了杰文斯、门格尔和瓦尔拉斯的边际效用价值论,以庇古为代表的旧福利经济学和以帕累托为核心的新福利经济学,对外部性、公共物品、信息失灵和垄断进行了分析。

一些学者将外部性和公共产品作为原始市场失灵,将信息失真、信息不对称和信息不完备的信息失灵称为新的市场失灵。完全竞争是新古典经济学的最基本假定之一。但是,从19世纪前半期开始,就不断有学者对垄断问题进行探讨,经济学界开始认识到了完全竞争市场只是一种理想状态,在面对现实经济生活的时候它的解释力极其有限,更为真实的市场是垄断市场。垄断会导致自由市场机制失灵。

(2) 马克思、恩格斯关于"市场失灵""世界市场失灵"的论述

马克思主义经济学早就指出自由放任的资本主义经济的矛盾。资本主义私人占有制与社会化大生产的矛盾构成了资本主义基本矛盾。这一矛盾在资本主义市场经济运行中表现为:自由竞争将不可避免地导致垄断,垄断会破坏市场机制的功能、降低效率;私人在追求收益最大化过程中,不愿意投资于公共产品和公共服务领域,使公共产品的供给不能满足需求;资本无节制地追求利润,疯狂掠夺资源、破坏环境。自由竞争还必然导致贫富分化,无法实现社会公平,在两极分化中导致社会矛盾恶化。在私人追逐利润的过程中,个别企业有组织性与整个社会生产无政府状态的矛盾、生产无限扩大趋势与有支付能力的需求相对不足的矛盾加剧,必然周期性爆发经济危机,使国民经济呈现出周期性波动的特点,无法实现持续稳定发展①。虽然"市场失灵"和"政府失灵"是西方经济学率先使用的词汇,马克思本人没有使用"市场失灵"这一概念,但其早已深刻阐述了后来被西方经济学概括为"市场失灵"的思想,甚至更深刻地揭示了其根源。

马克思恩格斯的世界市场理论萌芽于16—19世纪中期的近代经济全球

---

① 桑百川:"一带一路"建设助力克服世界市场失灵,人民日报(理论版).2016 – 8 – 31.

化，1848 年的《共产党宣言》系统地阐述了世界市场的产生、特征和历史作用。马恩认为资本主义生产力的发展和机器大工业的建立是世界市场形成的客观条件，国际分工是世界市场产生和发展的基础。同时，世界市场是资本主义生产方式产生的必要前提和发展的一般条件，世界市场的出现使价值规律在世界范围内发挥作用。

在此基础上，发展的马克思主义经济学将经济危机、市场失灵的概念从一国国内拓展到全球，认为在资本主义制度下世界市场会刺激世界经济危机的产生：在世界市场中，国际货币充当商品流通的支付手段。一旦国际货币脱离世界市场的商品流通，就很可能爆发世界经济危机。资本在拓展世界市场的同时，也会把一国的经济危机转嫁到世界市场，世界经济危机也是资本主义经济的必然产物，全球范围内的"世界市场失灵"即由此产生。

4. "一带一路"区域合作理论

"一带一路"倡议在空间范围上是一种区域合作机制。学术界普遍认为"一带一路"与传统的区域合作战略不完全相同，中国并不期望通过"一带一路"构建一个统一涵盖沿途所有国家的自由贸易区或其他区域经济合作机制，更不期望以此为基础构建一个排他性的国际组织。关于对"一带一路"倡议的空间范围定义，学术界现在有两种看法：区域经济合作理论和跨境次区域合作理论。

其中，区域经济合作理论是"一带一路"区域合作理论的主流，在斯密古典贸易理论和赫克歇尔－俄林新古典贸易理论的比较优势的基础上，不同学者对其又有着不同的发展解释。李向阳（2015）认为，"一带一路"是新型区域合作机制。合作多元化将是"一带一路"最重要的特征之一。隆国强（2016）认为，"一带一路"是一个开放的区域合作倡议，倡议的基本目标是通过加强沿线国家之间全方位多层面的交流合作，充分发掘各国发展的潜力，发挥各国的比较优势，加快发展步伐，形成互利共赢的区域利益共同体、命运共同体和责任共同体。作为一个区域合作倡议，"一带一路"具有巨型区域合作倡议、开放区域合作倡议、南南合作和合作内容丰富的鲜明特点。张可云等（2016）认为，"一带一路"是对接国际国内的双向区域合作机制，且区域合作模式会随着合作主体利益分配而灵活、多元、开放地演化。孙久文等（2016）通过分析区域分工理论、区域空间组织理论、引入收益递增和不完全竞争的新贸易理论，指出"一带一路"构想的本质是发展经济带，最终要实现空间一体化。马东（2016）着重论述了区域外部国家的贸易投资转移效应，提出了以市场化、开放、创新三大动力为主的区域协定正逐步向全面化、标准化发展。

柳思思（2014）、张辛雨等（2014）认为"一带一路"实质上是跨越边境的次区域合作。其本质是使生产要素在跨境次区域这一地域范围内达到自由流通，从而带来生产资源的有效配置与生产效率的提升。柳建文（2017）认为次区域经济合作也叫跨境次区域合作或成长三角。相较于传统区域合作要求一定程度的主权让渡，次区域合作对参与方的制度硬性要求和超国家机构管理依赖并不强烈，因此可以降低参与方的政治和经济成本以及的合作门槛。跨境次区域合作发挥的作用主要体现在促进沟通、辐射外溢和凝聚区间共识三个方面。跨境次区域合作的重要推动力量是国家、地方和企业三者的共同合作（柳思思，2014；张辛雨，2015；许肖阳，2015，冯宪宗，2015；柳建文，2017）。

卢光盛等（2015）对"一带一路"次区域合作进行定义时主要考虑的是沿线大多的发展中国家，因为发展中国家之间一体化与发达国家之间一体化进程的合作基础、利益诉求、体系压力等都有所不同，属于被动型升级。因此不排斥与区域内其他经济一体化合作机制进行对接合作的次区域合作更适合"一带一路"倡议。

王金波（2017）认为，"一带一路"经济走廊的构建将是一个从贸易、投资、产业集群到区域生产网络，从区域生产网络到区域经济一体化、区域基础设施一体化的动态演进过程。亚洲区域合作的变化与外部环境的不确定性要求中国在积极参与"一带一路"沿线区域经济合作的同时，还要不断创新区域合作新方式，在现有的区域生产网络价值链的基础上，积极参与国际经贸规则的谈判和制定，创新区域合作的新标准、新范式。

王永红（2019）实证分析了"一带一路"沿线区域合作所带来的巨大经

济效益和社会效益,研究不同国家和地区在全球价值链上的参与度差距对出口的影响,检验价值链双环流范式下区域合作的复利效应。"一带一路"倡议将更多发展中国家纳入国际合作中,不仅能够给发展中国家带来经济总量上的增长,还能够从就业、收入等结构因素方面改善经济运行状况、增强区域经济合作凝聚力,是实现"人类命运共同体"理念的有效途径。

5. 战略层面的"一带一路"倡议

有学者认为"一带一路"倡议是一项国家对外战略。匡贤明(2015)认为"一带一路"是我国在转型改革关键时期实施的一项重大战略,这不仅对我国走向经济新常态具有重要意义,而且将重塑我国在世界经济格局中的重要战略位置。

"一带一路"倡议的提出具有深刻的内外背景。第一,这是我国推动经济转型的需要,有助于更好地结合"引进来"和"走出去",推动企业走出国门,开拓海外市场,增强自身竞争力,寻求新的发展空间(王义桅,2015;张祥建等,2017);第二,"一带一路"倡议一定程度上被解读为中国西进战略,是我国向西开放战略的重要平台(李红,2014),有助于西部地区统筹利用国际国内两个市场、两种资源,形成横贯东中西、联结南北方的对外经济走廊(袁新涛,2014)。第三,中国已经成为全球经济贸易大国,是仅次于美国的世界第二大经济体,势必要承担更多的责任和义务,中国"一带一路"倡议有着引领和推动全球经贸格局变革的能力(李丹等,2015)。另一方面,从国际角度来看,这符合新形势下全球化发展态势的需要(王义桅,2015)。现阶段国际贸易失衡、国际金融市场失衡、实体经济虚拟经济失衡都对世界经济的可持续发展有着极为不利的影响(赵儒煜,2017)。同时,如今美欧主导的全球贸易规则对新兴经济体和发展中国家极为不利,广大发展中国家要求建立公平合理的全球经贸规则,"一带一路"倡议应运而生(李丹等,2015;卫玲,2017;隆国强等,2019;李芳芳等,2019)。

"一带一路"倡议正在改变中国资源配置的空间和模式,中国正在从"商品输出时代"向"资本输出时代"转变,使高铁、核能等优势产业通过"资本+产能"实施双重输出的路径走向国际市场(张祥建,2017;张建伦,

2014）。金融支持是"一带一路"倡议实施的重要基础和必要条件，应构建有效的融资合作机制，着力推进基础设施的互联互通（隆国强，2016；余俊杰，2020）。"一带一路"可以重构全球供应链、产业链和价值链，优化全球资源配置。"一带一路"沿线国家应充分利用地缘毗邻优势，形成产业的优势互补（张祥建，2017；戴翔和宋婕，2019）。沿线国家应加强区域经济合作，完善和强化市场在资源配置与产业价值链升级中的重要作用，充分发挥经济自由度对经济增长的促进作用（陈继勇和陈大波，2017）。同时，加强"一带一路"产业合作还需要构建融资工具多样、金融功能健全、市场层次丰富的金融体系（涂永红和白宗宸，2019）。

6. "一带一路"建设中的风险

"一带一路"倡议风险主要考虑的是地缘政治风险和经济风险。"一带一路"倡议覆盖的地区广阔，沿线国家众多，地缘政治局势极其复杂，途经的中西亚、中东和东南亚是极端主义、恐怖主义与分裂主义"三股势力"影响严重且集中的地区。部分国家的局势动荡不安，宗教民族问题引发的战争不断，他国干预内政情况也时有发生。国家之间的产业合作与相互投资有很大不确定性，政治风险较高（张祥建，2017；曾向红，2016；隆国强，2016；高荣伟，2015；谭畅，2015；聂娜，2016）。沿线众多国家油气资源丰富，使得地区内大国博弈频繁，美俄印等国都会对"一带一路"的合作产生影响（杨晨曦，2014；张祥建，2017）。同时"一路"方面，美国"亚太再平衡"战略，印度、日本在印太海域海上力量日益崛起等，都是潜在的风险因素（高荣伟，2015；马昀，2015）。周平（2016）认为，"一带一路"虽然不是地缘政治战略，但可能会激起相关国家主动参与地缘政治博弈，从而给"一带一路"的实施造成地缘政治障碍。国家间的地缘政治关系并不是一成不变的，实施"一带一路"倡议需要绸缪风险、全面规划。刘海猛等（2019）研究发现，"一带一路"沿线国家合作风险呈现出显著的集聚性和区域差异性，政府与企业要共同努力建立风险预警机制，做好"一带一路"合作风险防控。

中国的主要优势在经济领域，"一带一路"的主要内容也是经济合作，这样难免会与沿途国家在重要的经济利益方面发生冲突（高荣伟，2015）。"一带一路"倡议所提到的项目耗资巨大，其中资金的问题最为突出。跟据亚洲开发银行初步测算，仅亚洲地区，2020年前每年的基础设施投资需求就高达7300亿美元。债务国违约的金融风险、项目泡沫化风险、经济转型迟缓风险、沿线国家运营环境风险都是"一带一路"倡议必须要考虑的（马昀，2015；陈继勇和李知睿，2018）。虽然我国在"一带一路"沿线投资的重点是实体经济层面，但是"一带一路"投资的货币金融层面也不容忽视（王凡一，2016；李笑影和李玲芳，2018）。聂娜（2016）认为，"一带一路"沿线国家多为欠发达国家，汇率的波动较大、各国的汇率制度差异也很大，金融市场发展程度不同，容易产生双重汇率风险、金融衍生品交易风险和信用风险。

除了主要的两种风险，不同学者对"一带一路"所面临的风险各有补充。

胡俊超等（2016）提出"一带一路"国别风险——涉及政治、经济、社会、文化、国际关系、自然环境和突发事件等十分复杂的范畴。论文采用主成分分析、因子分析、聚类分析和判别分析的方法从政治风险、经济风险、主权信用风险和社会风险四个角度，对"一带一路"倡议的实在风险和潜在风险进行分析。聂娜（2016）还提出了包含意识形态和宗教习俗的文化风险等。王义桅（2017）提出"一带一路"具有主体层面的多元性特点的道德风险。张晓涛等（2020）探索提出"一带一路"倡议下中国企业国际化问题案例研究范式，探索对外投资政治风险的规律与逻辑。

（二）全球经济治理失灵、变革与"一带一路"倡议

以中国为代表的新兴市场国家和发展中国家的群体性崛起，使世界经济格局和国际权力格局发生明显变化。第二次世界大战后建立起来的全球治理体系的治理方向发生偏差、治理手段鲜有成效、治理秩序无法适应新的全球经济格局。2008年全球金融危机的爆发使国际社会意识到，改革全球经济治理体系是全球经济治理的重要议题（裴长洪，2014）。中国自20世纪70年代末实施改革开放后，经过近40年的努力，已成为全球经济体系中最为重要的成员之一，积极主动地参与全球经济治理是当前发展形势下的客观要求和必然选择，而"一带一路"倡议已成为我国参与国际经济合作和全球经济治理

的重要平台（桑百川，2016）。卫玲等（2017）认为，在 2008 年金融危机影响持续、英国脱离欧盟、欧洲右翼势力抬头、TPP 名存实亡、贸易保护加剧等世界经济背景下，中国提出的建设"一带一路"是主动参与全球治理制度体系的一次系统性倡议，为的是推进全球治理机制的完善，实现具有前瞻性和探索性的互利共赢实践。

1. 全球经济治理失灵的理论基础

国内外学者从多个角度分析了全球经济治理体系失灵的原因。张二震、戴翔（2017）认为现有全球经济治理却未能与时俱进、因时而变，继而出现了三个方面的不适应：不适应全球经济格局调整的变化，不适应国际分工发展的新特点，不适应全球经济包容性发展的需要。陈伟光、王燕（2017）认为在以规则治理为基础的全球经济治理中，制度性话语权之争构成了大国博弈的核心。Woods（2008）认为全球经济治理没能跟上快速发展的全球化和经济增长是导致为更好管理全球经济关系而创建的国际制度日益失去效率并被边缘化的部分原因。陈东晓（2017）认为新兴经济体势力的相继崛起、利益攸关方数量显著增加，改变了原来的经济治理体系力量格局。全球经济治理理念和价值观的竞争激烈，甚至存在摩擦冲突的风险也是重要原因（屠新泉、娄承蓉，2017）。在当今全球治理的价值框架之中，人权、民主、正义这一全球治理的价值是没有异议的，但人权、民主、正义的内涵无论是在国内还是在全球治理的框架里，都存在着巨大的认知差距（胡键，2016）。在新自由主义的主导地位不断受到挑战和动摇的同时，以新兴经济体为代表的多元发展道路尚未形成（Robert Niblett，2017；Mazarr，Michael J.，2017）。多边贸易体制陷入困境的同时高标准的区域经济合作正在兴起，自贸区谈判的新议题将促成区域间更深层次联系的国际间联系转变，全球经济治理机制碎片化趋势风险增加（桑百川、王园园，2015）。以信息技术为代表的新一轮技术革命对全球经济、贸易、投资都产生了重大影响，也带来了例如信息安全、数据跨境流动等当今全球经济治理体系中亟待解决的新问题，迫切需要制定相应的国际规则（隆国强，2017）。当前地缘政治和"非传统安全"问题复杂，国际经济问题与政治安全问题紧密相连，作为美国在亚太地区参与度和话语权象征的 TPP 协定的地缘影响力在未来一段时间仍将持续，发达国家在经济低迷时期对全球经济治理中发展议题的重视和投入程度减弱，发展中国家在应对气候变化等新挑战方面难以得到足够支持，最不发达国家等在"可持续发展"过程中处于被边缘化的危险境地，这些问题也给全球经济治理带来新的考验（盛斌，2017）。陈伟光（2019）认为当前全球经济治理面临制度有效性和合法性的双重困境，全球经济治理出现巨大赤字，因缺少引领者而陷入困境；全球经济治理的失灵反映了治理机制本身功能的不足；发展中国家在全球经济治理中话语权不足、代表性不够；全球分配的非正义性是全球经济治理合法性困境的重要表现。徐秀军（2019）认为由于全球经济治理主体利益分化、治理客体挑战加大以及治理机制存在的各种弊端和缺陷，全球经济治理面临的民主赤字、责任赤字和效用赤字将更加凸显。

对于全球经济治理体系失灵下变革所带来的机遇与挑战，国内学者思考较为深入。徐秀军（2015）认为尽管当前全球经济治理受到诸多挑战，但全球经济治理正逐步从相对无序的状态朝着以规则为基础的相对有序的方向迈进，现行各种全球经济治理机制的建立、改革和完善均是在应对全球化和各国经济相互渗透带来的风险与挑战的过程中完成的。黄仁伟（2013）认为全球经济治理既是中国积累战略资源的增长点，也是中国的主要挑战来源之一，应通过地区治理改善我国的周边环境，通过地缘经济优势实现地缘政治目标，并将其作为战略方针长期实施。迟福林（2015）认为可以考虑以"一带一路"倡议、亚投行、金砖银行等新兴治理机构为抓手，以双边、多边、区域治理机构为重点，与联合国等现有治理机制共同合作，加快形成有效的全球经济治理体系。隆国强（2017）认为中国应该更加积极主动地参与全球经济治理体系，要从中国本身需要稳定的全球经济治理体系这一高度来理解中国参与全球经济治理体系的角色定位。孙振宇（2018）认为，一个国家在全球经济治理中发挥引领作用至少需要三个前提条件：一是有强大的实力；二是要占领道义制高点；三是有强大的国内智库支撑，能拿出具体建议方案。盛斌（2018）认为在未来，中国引领的全球经济治理改革应坚持发展导向，构建互利共赢的伙伴关系，探索多元化机制和保持灵活度，并充分借鉴过去四十年改革开放所取得的丰富经验和成功模式，在短期内可选择以与贸易有关的基础设施建设、投资、电子商务、中小企业议题为优先突破口。陈伟光（2019）认为中国在全球经济治理体系中并非制度主导国，其建设性参与全球经济治理受制于谈判技巧和话语经验的不足。卢静（2019）认为中国作为世界第二大经济体和最大的发展中国家，推动全球经济治理体系朝着更加公正合理有效的方向变革，不仅是营造有利国际环境的需要，也是自身应承担的一项重要国际责任。庞中英（2019）认为在各种因素作用下，现有全球治理体系近年来却面临日趋严重的挑战甚至危机。在全球治理体系中发挥重要作用的一些国家，如美英，正在退出一些全球治理机构或对全球治理有重大影响的地区性组织；全球性公共产品供给短缺并未得到根本改善；竞争影响了世界大国在全球治理中的合作，导致全球治理体系愈加复杂。挑战同时也是机会。中国积极参与全球治理，加大了对国际公共产品的贡献。

2. "一带一路"倡议与全球经济治理的关系

对于"一带一路"倡议与全球经济治理的本质联系，国内学者研究较多，国外学者较少进行专门的系统研究。Djelic、Marie-Laure 和 Sigrid Quack（2010）在"一带一路"倡议未被提出时就曾探讨中国通过资本、货物、知识和人员流动，已在其跨国业务活动下形成一个全球经济中跨种族、跨文化、跨国界的"跨国社区"，这是一种全球经济治理新尝试。张蕴岭（2016）提出中国要着眼于未来，采取参与、有选择引领的政策，中国提出的"一带一路"倡议，是"开放的区域主义"和"开放的全球主义"。毛艳华（2015）总结了"一带一路"倡议在全球经济治理的价值、规制、主体、效果等方面，顺应广大发展中国家改革全球经济治理机制的诉求、补充与完善现有全球经济治理规则、主导合作发展倡议、推行全球化包容性发展理念的贡献。李光辉（2015）指出在"一带一路"平台上涉及 RCEP 等多个贸易规则安排，中国-东盟"10+1"、上海合作组织、亚太经合组织等多个区域合作机制安排，通过"一带一路"倡议汇集发展诉求、总结发展经验、树立发展模式，才能够增大国际经济规则中的"发展成分"和"非西方因素"，真正参与和引领国际规则的重构。申兵（2017）认为区域经济治理体系是全球经济治理体系的基石,而"一带一路"倡议的提出以及我国与沿线国家合作的深化,有助于推动形成沿线和周边地区的区域经济治理格局。赵儒煜和肖模文(2017)认为,"一带一路"倡议在区域经济均衡发展、产业分工格局改善、金融资本融通和国际贸易畅通等方面起到了重要的推动作用,是解决全球经济失衡问题的有效路径。张宇燕(2016)认为"一带一路"倡议是中国参与全球治理的顶层设计。从国际、国内层面看,"一带一路"体现了中国对国际合作以及全球治理模式创新的积极贡献,符合国际社会的根本利益,是统筹国内国际两个大局的重要抓手,为全球治理增添了新的正能量,彰显了中国的大国责任。李晓霞(2019)认为作为全球经济治理的"中国方案","中国道路"自然会成为"一带一路"倡议的生成基础。"一带一路"倡议的包容性发展特征和"发展导向"的机制原则,都内生于对中国发展与治理的理论理解和开放、均衡、普惠、共赢的目标追求,正是基于对中国经济对外开放经验的总结和中国"内嵌"于全球体系的发展,构建了"一带一路"倡议与传统治理结构之间的共生联系。无论是中国对多元价值的尊重,还是"一带一路"倡议本身的特征、原则,都决定了它不会寻求"替代"现行全球经济治理体系,而是向世界提供"另一种"选择。

3. "一带一路"倡议推动全球经济治理的中国方案

国内的学者对"一带一路"倡议中体现的中国智慧总结较为深入,但相关成果目前仍然相对较少。李向阳(2017)指出"一带一路"倡议的义利观是它的一个突出特征,"以义为先,义利并重"体现了中国作为倡导者的担当,其发展导向决定了它不是对现有全球治理体系的替代,而是一种补充。王义桅(2017)认为"一带一路"是包容性发展的中国方案,展示了东方智慧,通过同时实现增长、发展和平衡而补世界经济短板,通过治本、治乱、治未病而挖掘、展示和开创中国全球经济治理智慧。李向阳(2018)认为与现有区域经济一体化机制的规则导向相比,"一带一路"作为一种新型的区域合作机制呈现为发展导向。"一带一路"将填补亚洲区域经济一体化的"缺位",为亚洲区域经济一体化提供了一个新的选择,标志着中国开始向本地区提供区域公共产品,为经济全球化提供了新的动力,是中国向亚洲也是向世界提供的一项制度性公共产品。徐崇利（2019）认为只要脱离霸权统治、回归治理本位，制度化的国际经济治理体系仍将得以存续和发展。此乃人类命运共同体理念下的中国主张，也是中国经过相关实践给出的方案。"一带一路"国际经济治理体系的构建，已成为一个有力的佐证，而且由此提供的中国方案，当可成为后霸权时代各国维护和改进整个国际经济治理体系的共同选择。门洪华（2019）认为"一带一路"建设体现了务实的发展导向和对新型合作模式的探索，是引领新型全球化的重要力量，有助于促成发展中国家的新联合；"一带一路"建设以亚洲国家为重点，以东南亚和中亚为核心地带，致力于拓展地区合作的空间，加快地区合作的进程，推动地区内外互联，并提升地区一体化水平。盛斌、靳晨鑫（2019）认为"一带一路"倡议正是中国对包容性增长理念的引领实践，它具体表现为公平参与、共同决策、战略对接、成果共享、文化包容。"一带一路"促进包容性增长的成果主要体现为推动基础设施建设与互联互通、鼓励绿色投资与合作以及完善多元化的金融支持体系等领域。在"一带一路"建设中，要从关注减贫扶贫合作、将绿色发展理念融入项目建设、深化教育合作和人文交流、加强合作机制建设等方面进一步促进包容性增长平稳深入推进。

（三）"一带一路"倡议与新型经济全球化

1. 经济全球化的发展历史

"经济全球化"这一概念是 20 世纪 80 年代提出来的，但关于经济全球化是何时起源的，历史学家和经济学家并没有一致的答案，这主要是因为大家对于经济全球化的测度标准不同。张宇（2017）认为第一次工业革命开启了经济全球化进程，第二次工业革命形成了世界市场体系，第三次工业革命则推动形成了新一轮经济全球化浪潮。较多学者认同经济全球化起码经历了两次较大的浪潮，一次是 19 世纪中后期到第一次世界大战前，另一次是 20 世纪 80 年代至今。

19 世纪 70 年代中期见证了新帝国主义时代的诞生，在工业革命的推动下，第一次形成了一个真正意义上的全球性世界（Hobsbawm，1987）。很多学者认为这一时期的国际秩序是由欧洲大国主导形成的，作为世界政治和经济中心的欧洲，其创建的制度和规范，包括主权原则、条约制度、国际法和同盟体制等约束着国家间的交往（Stavrianos，1999；Kissinger，2014；王立新，2015）。对于新帝国主义推动全球资本流动、瓜分全球市场背后的经济动机，Hobson（1938）以及 Stavrianos（1999）等许多学者认为大量剩余资本的积累、不断降低的投资利润率、以及寻找原料供应是推动欧洲资本输出的主要原因。但 Hobsbawm（1987）认为殖民扩张更多是为了寻找新的市场，欧洲列强将本国商品强制性销往这些"未开化"的贸易空白区来获得高额利润，殖民地更多被视为区域性商业渗透的适当基点或出发点。华民（2017）认为这一轮全球化发展的动力来自于对土地等资源的占有，获取方法是殖民，其负面效应很大，宗主国和殖民地之间所有的交往都是非对等的。对于这一轮经济全球化的运行机制，Polanyi（1994）强调以金本位为重要特征的国际金融制度，是这期间世界政治与经济组织间的主要联系。英国正是凭借其在金融和海运方面的巨大优势，才保持了它在新帝国主义时期塑造全球秩序上的霸主地位（Hobsbawm，1987）。然而，经济全球化带来的分配效应并不平衡。Findlay and Rourke（2001）指出，来自新世界和俄罗斯的大量廉价谷物损害了传统农场主的利益，保护主义开始在欧洲泛滥。第一次世界大战彻底中止了自由经济秩序，而战争的结束并没有终结保护主义，大萧条更是将保护主义推到了顶峰。这种"以邻为壑"的政策被认为是第二次世界大战爆发的重要原因。

20 世纪 80 年代以来的经济全球化浪潮则是由美国主导的，其典型特征是规则导向（隆国强，2017）。伴随着美国经济实力的增强和以欧洲为重心的国际秩序瓦解，美国开始在国际事务中扮演越来越重要的角色（Kissinger，1994）。Keohane（2005）指出第二次世界大战后美国开始以多元化原则，以及制定符合美国利益的规则为基础，寻求建立一种有利于其利益和意识形态的国际政治经济秩序。李向阳（2006）认为以美国为首的发达国家之所以强调对于国际经贸规则制定权的控制，一是出于规则具有正的外部性，规则的统一可以促进商品与生产要素的跨境流动，这一收益对参与经济全球化的所有国家都是适用的。二是出于规则的非中性，即规则的制定者由于塑造了更符合自身利益的国际经济秩序而获得了额外的经济收益，这是规则的霸权收益，只有霸权国家才会额外享有的，其成本则是提供国际经贸规则这一公共产品并允许"搭便车"行为（吴志成和李金潼，2014）。从分工方式看，华民（2017）认为随着贸易成本的降低，产生了一种新的国际分工和贸易方式，那就是全球产业链（价值链）分工和产品贸易，这种分工的负面效应巨大，是由高度专业化分工（端点分工）带来的收入分配差距扩大诱导形成的效应。在美国主导下的第二轮非中性规则经济全球化局势下，各国面临着严重的不平等问题，发展中经济体作为全球经济的深度参与者，却游离于全球经济治理的决策体系之外（Stiglitz，2006；陈伟光和申丽娟，2014）。发达经济体中接近70%家庭的实际收入在2005—2014年间出现下滑（McKinsey Global Institute，2016）。

2. 当前的逆全球化现象及经济全球化的发展趋势

2008年全球金融危机之后，全球保护主义迅速抬头，以邻为壑的贸易政策层出不穷。WTO成员国自危机后颁布了2978项新的贸易限制措施，截至2016年10月仅有25%的比例被各国取消（WTO，2016）。贸易增速也逐渐减少到和产出增速相同的水平，2016年贸易增长率仅为1.3%，与产出增速的比值更是低至0.6，这是危机后首次低于1，而在全球化最为鼎盛的20世纪90年代贸易增速基本比世界经济的增长速度快一倍（WTO，2017）。根据WTO的统计数据，2018年10月中旬到2019年10月中旬，WTO成员国实施的进口限制措施涉及的贸易覆盖范围（指受措施影响的经济体所涉产品年度进口额）估计高达7470亿美元，为2012年10月以来的最高值（WTO，2019）。新的贸易限制措施和日益增长的贸易紧张局势加剧了周边国际贸易和全球经济的不确定性，而新冠肺炎的大流行也将使经济全球化的发展面临新的考验。WTO日前发布的贸易政策审查报告显示，在2019年10月中旬至2020年5月中旬，WTO成员实施了56项与新冠肺炎疫情无关的贸易限制新措施。新的进口限制措施涉及价值约4231亿美元的商品，达到自2012年10月份以来的第三高水平。自2009年以来，世界贸易组织成员一直实施并仍然有效的进口限制措施累计贸易覆盖额达到 1.7 万亿美元，占世界进口总额的 8.7%。无论是按贸易价值计算还是按占全球进口总额百分比计算，这两项数据都一直在升高。政治层面上，推崇民粹主义政党的势力有所加强，英国脱欧、美国特朗普胜选后的保护主义政策以及意大利修宪公投失败为全球化的发展蒙上了一层阴影。从 2019 年 5 月的欧洲议会选举结果来看，英国"脱离欧盟党"、法国"国民联盟"、匈牙利的"青民盟"和意大利的"北方联盟"等极右翼政党和民粹主义政党的影响进一步扩大（万广华，朱美华，2020）。于是有学者认为此轮已历经 30 多年的全球化进程来到了十字路口，将面临停滞甚至是倒退的风险（高柏，2016；Buttonwood，2016）。

当前阶段对经济全球化的政治反应正如 Nye and Welch（2013）所指出的：科技的进步和基础设施水平的提高促进了公众对于国际事务的参与度，而日益加大的不平等催生出了经济全球化的政治反应。不平等会导致政治反应，特别是当不平等和不稳定相结合的时候，例如发生导致大规模失业的金融危机和经济萧条的时候，这样的政治反应最终可能会限制世界经济全球化的步伐。Nye and Welch 进一步补充道，在一定程度上来说，对全球化的抗议行为是对经济相互依存所带来的变化的反应。从经济学家的角度来看，不完善的市场是效率低下的。但在政治家看来，全球市场中存在的某些不完善可被视为"有用的低效率"，它们可以充当政治变革的减速器和缓冲器。因此当前出现了一些政客有意利用反全球化的施政纲领，来得到对当前境遇不满的选民的支持的现象。

尽管从历史角度来看经济全球化是可逆的（Findlay and Rourke，2001），然而大多数学者还是认可当前经济全球化远未面临被逆转的境遇，因为作为经济全球化内生机制的世界经济结构没有发生大的改变（屠新泉，2017）。尽管一些政客可能会出于争取选票的考虑而主张保护国内企业和市场，但真正施政时则会由于忌惮引发贸易战而通常采取较为谨慎的政策（郑宇，2016）。WTO 贸易政策审查机构的统计结果也显示，虽然金融危机后 WTO 成员国制定了许多新的贸易限制措施，但这一趋势在逐渐放缓。2016 年 10 月至 2017 年 5 月，WTO 成员国共颁布了 74 项新措施，平均每月不到 11 项，为 2008 年以来的最低值。全球经济政策分歧明显，但贸易失衡仍可调和，经济全球化仍旧以螺旋上升的方式进行着。

王跃生和马相东（2020）认为，逆全球化从根本上违背了人类社会的经济运行大趋势，注定是不可持久的。尽管新冠肺炎疫情冲击使得逆全球化思潮变本加厉，但仍然有诸多支持全球化的有利因素：其一，经济全球化是历史大势所趋。是社会化分工的结果和经济发展的必然要求，顺应历史潮流和趋势才能取得更好的发展。其二，经济全球化是世界经济发展和科技进步的必然结果。当前，科技进步使全球各国在交通、通信等领域高度发达，地理距离和成本被极大地拉近、缩小。其三，与此相应，全球价值链、供应链深入发展乃是大势所趋。在全球产业链、供应链、价值链中发挥主导作用的跨国公司，出于盈利目的必然希望给其带来巨大利润的经济全球化继续深化和发展。因此，无论逆全球化思潮如何抬头，无论此次疫情如何推波助澜，全球化都既不会停止，更不会终结。

舒展和郑丛璟（2020）认为，从生产力层面看，经济全球化是人类社会生产力发展的必然趋势；但从生产关系层面看，到目前为止，又始终遵循国际垄断资本扩张的逻辑。近年来西方发达国家的"逆全球化"趋势，不同于以往经济全球化进程中曾经出现的由于利益受损而转向的贸易保护主义，也不同于发展中国家由于处于经济全球化的不平等地位而采取的"反全球化"运动。它恰恰暴露了传统的经济全球化是西方资本主义国家维护其国际垄断资本利益的不合理手段之所在。一些西方发达国家尤其是美国特朗普政府的逆全球化举措的实质原因，并不简单是利益受损，而是预见优势将失情况下的反制，目的是继续维持其在经济全球化秩序中的格局红利。

3. "一带一路"倡议"三共"原则与新型经济全球化

针对旧有全球化的弊端和问题，许多学者提出创建新型全球化的倡议。何亚非（2017）认为"再全球化"和"优化全球化"将取代"美国化"的全球化。胡鞍钢（2017）提出"新全球化"应以平等为基础、以开放为导向、以合作为动力、以共享为目标。王义桅（2017）认为"一带一路"倡议将创造一种新型的经济全球化。查道炯（2017）认为"一带一路"是中国对新一轮全球化的贡献。卫玲等（2017）认为，"一带一路"倡议以"共商、共建、共享"的方式推动世界经济贸易格局向更公平、和谐、有活力的方向进行变革，以求成为新型全球化引擎。

进入21世纪的第二个十年，国际金融危机深层次影响继续显现，国际经贸规则面临重大调整。作为推动经济合作、促进世界和平发展的中国方案，"一带一路"倡议坚持共商、共建、共享原则，在建设过程中不以获取规则的霸权收益为目标，而强调以发展为导向，既不寻求掌控国际经济规则制定权，也不具有排他性特征，构建以开放性和多元化为特征的新型区域经济合作机制（李向阳，2016）。郑永年（2017）认为中国应从西方推动的全球化进程中吸取经验教训，尤其是关于全球化进程中的财富创造和分配问题，"中国方案"不会推翻现存的体制和规则，而是对现存体制和规则的补充和创新，是探讨中国作为"领头羊"的全球化路径。汪亚青（2019）认为，中国需要在以下几个方面有所作为，以构建具有中国特色的国际困局解决方案：一是高度重视在"一带一路"倡议中可能发生的反复现象和"烂尾工程"；二是政府职能发挥的弱化与强化相结合；三是切实增加全球化进程中各国民众的获得感。刘晔（2019）指出，西方资本主导的经济全球化为发达资本主义国家牟取了最大利润，同时带来经济的不断发展和物质产品的更加丰富。在全球化进程中一些问题已经出现，如发展不平衡、国家主权遭削弱、国际金融风险加大、人类社会可持续发展受阻等，这些问题对发展中国家的经济增长产生了负面影响。全球化经济需要以全球性合作为基础，发达国家应遵循求同存异、平等互利和自主自愿的原则，承认各国民族经济的多样性，以全球经济的稳定增长为目标，在全球范围内建立合理的国际经济协调机制，推进经济全球化自主有序地进行。

对于"一带一路"所坚持的共商、共建、共享原则，高虎城（2015）认为：只有遵循国际通行规则，尊重市场规律和企业市场主体地位，才能使不同国家之间、不同企业之间的互利合作持久开展。中国在"一带一路"建设中将坚持市场化的运作原则。

王义桅（2016）则分别从利益共同体、责任共同体以及命运共同体的角度来理解"一带一路"倡议的共商、共建、共享原则。具体而言，共商即是在"一带一路"建设过程中充分尊重沿线国家参与合作事项的发言权，征求相关国家意见，兼顾各方利益诉求；共建的重要出发点是共担风险、共同治理，当前国际社会的许多问题都超越了国别的限制，需要各国承担起相应的责任，"一带一路"将对接各国原有经济发展战略，在充分发挥各国比较优势的基础上合理分工、共同建设；最后，"一带一路"倡议将"有难同当、有福同享"概括为命运共同体理念，项目成果将被相对均等地分配给参与建设的各个国家，实现利益和命运共通。

王颂吉等（2019）认为，与传统经济全球化相比，新型全球化的特征主要体现在以下三个方面：第一，新型全球化下，全球经济发展模式更侧重于合作共赢和协同发展；第二，世界经济发展动能由发达国家转向发达国家与新兴经济体并重，新兴经济体成为全球经济发展的重要引擎；第三，新型全球化倡导平等协作、互利共赢。

就"三共"原则的国际法含义，龚柏华（2018）认为，共商是国际法治的民主化，共建是共同义务，共享是追求的目标。杨泽伟（2020）认为，"共商"强调各参与方按国家主权平等原则，以共同协商的方法，就国际合作的内容、形式及目标等达成共识。"共建"指沿线国家不论大小、国力和发展水平，均为平等的建设方，共担责任和风险。"共享"既是"三共"原则的重要组成，也是其宗旨和目标。

4. 以发展为导向的新型经济全球化

李向阳（2016，2018）认为，其他区域经济合作机制可视为规则主导型，"一带一路"建设则立足于实现沿线各国共同发展，是一种发展导向型的区域经济合作机制。它不会取代现有规则导向型的区域经济合作机制，而是能够与后者并行不悖、相互补充。发展导向主要体现在五个方面：第一，"一带一路"以古丝绸之路为纽带，为发展中国家参与国际合作提供了机遇；第二，"一带一路"以互联互通为基础，为沿线国家的经济发展与合作创造了条件；第三，"一带一路"的多元合作机制能更好地适应各国在政经体制和社会文化方面的多样性；第四，"一带一路"以义利观为指导，为各国间的利益分配提供了新型合作模式；第五，"一带一路"以构建人类命运共同体为目标，为世界带来了新型公共产品。

在全球经济复苏乏力的背景下，隆国强（2015）认为"一带一路"以发展为导向的理念具有非常现实的意义，是中国作为新兴大国在新的历史时期为国际社会提供的一个重要公共品。例如"一带一路"所倡导的基础设施建设会为很多企业带来充足的发展机遇，也会为发展中经济体带来重要的经济发展助推力。另外，隆国强还强调中国企业在实际推进"一带一路"的时候，要高度警惕，不能用不平等的心态推进"一带一路"，要充分地尊重当地的老百姓、政府，充分地尊重当地的文化习俗和宗教信仰。

对于"一带一路"建设以发展合作为导向，张蕴岭（2017）指出中国在基础设施建设方面积累了丰富经验，既有设备技术，又有管理经验，可以发挥重要作用。王彦志（2019）认为，发展导向体现了中国的发展道路及国际经济法理论与实践的智慧，与西方主导的规则导向是相辅相成的关系，二者相互结合方能保证"一带一路"行稳致远。就争端解决问题，张悦和匡增军（2019）指出，发展导向有利于维护战略互信，规则导向能增加争端解决的合法性、公正性和透明性，二者相互结合将更好地促进国际合作。

（四）克服世界市场失灵的中国方案：政策沟通、设施联通、贸易畅通、资金融通和人心相通

关于"五通"整体研究的文献也已有许多。王义桅和郑栋（2015）从国家、企业和个人三个层面，分析了"一带一路"的"五通"建设过程中可能面临的道德风险问题。朱瑞庭（2017）以零售业企业为例，从政策沟通、设施联通、贸易畅通、资金融通和人心相通等五个方面分析了零售业在"一带一路"沿线国家跨国经营的机遇和政策建议。北京大学"一带一路"五通指数研究课题组从五个方面构建了五通指数，分析了目前"一带一路"沿线国家五通发展的现状。下面从政策沟通、设施联通、贸易畅通、资金融通和人心相通等五个方面，分别总结国内外的相关文献。

1. 政策沟通方面的国内外研究

政府间宏观政策沟通的交流机制应是多层次的，包括经济发展战略和对

策，区域合作的规划和措施以及为大型项目实施提供政策支持。何立峰
（2017）认为，国与国之间的政策沟通需要重点从发展战略、发展规划、机制
与平台以及具体项目等四个方面进行对接。这启示本书可以从解决世界市场
失灵问题的角度出发，结合国家战略规划、平台机制等层面展开研究。

（1）"一带一路"沿线国家战略规划的协调博弈分析

新凯恩斯主义学派的 Diamond（1982）、Bryant（1983）等人提出，由于
市场信息的不完全，经济会出现多重均衡态的市场协调失灵问题。Cooper and
John（1988）研究发现当行动"策略互补"时，会导致技术、交易和总需求
外部性三种情形下的"溢出效应"，使经济出现多重均衡特征，从而发展了更
一般化的协调失灵理论。此后 Benassy（1993）和 Chatterjee et al.（1993）分
别拓展研究了不完全竞争条件和多部门情况下的协调失灵及政府的应对政策。
直到 Murphy et al.（1989）采纳 Cooper and John（1988）的观点，发展经济学
才开始结合博弈论分析协调失灵导致经济处于多重均衡态的问题，此后涌现
了大量关于国家或地区发展中如何解决协调失灵问题以及经济如何向更高水
平均衡态推进的研究，且在应对策略方面十分重视政府的作用（Murphy et
al.，1989；Krugman，1991；Matsuyama，1991；Rodrik，1996；Morris and Shin，
2002；Pande，2005）。

国家选择什么样的发展战略以便有效促进企业和区域的快速发展，已成
为发展中国家能否迅速赶上或明显缩小与发达国家差距的重大理论课题。国
家的发展战略规划是政府干预经济的最高手段。然而现有文献集中于单个国
家如何通过实施有效的产业、宏观经济等政策来矫正市场协调失灵（Stiglitz，
1996；Stiglitz and Greenwald，2014）。对于更广泛的国际市场协调失灵问题的
研究，一方面，大多停留在宏观经济政策协调而未涉及战略规划的产业政策
（Tchakarov，2004；李自磊等，2013；Eichengreen，2013；Coeuré，2016；崔
琪涌等，2020）；另一方面，协调目标强调维持内外部均衡的稳态而未有从低
效率稳态到高效率稳态的推进（Cœuré，2016），又或者是企盼依赖在旧有的
国际经济组织框架下进行协调而缺乏对"一带一路"倡议下新协调机制的探
索（刘百花，2003；赵青松，2011；郑志来，2015；陈宏和程健，2019；邓

富华等，2019）。

（2）多边平台机制对接的演化博弈分析

政策沟通是"一带一路"其他"四通"建设的重要保障，所以我们分别梳理对设施联通、贸易畅通和资金融通方面平台机制的研究。

关于设施联通平台机制的研究。对"一带一路"沿线国家设施联通的研究以国内学者为主，研究大致集中在沿线国基础设施现实现状（李楠，2015；潘志平，2016）、投融资渠道和效率风险（张娟等，2016；郭惠君，2017；姚公安，2017）以及合作机制的建设（赵晋平，2017；宋彪等，2018）等方面。目前基于严谨经济学理论的合作平台机制的研究还比较缺乏，Leng（2016）通过连续时间博弈实验发现其有助于增加行为人策略努力程度，对于多边合作、具有约束力的协议等制度安排的必要性和收益可以进行演化博弈的实证分析，这对下一步的设施联通的平台机制建设具有重要政策指导意义。马光红等（2019）借鉴"一带一路"PPP基础设施合作思路和演化博弈思想构建东道国政府与我国微观个体的演化博弈模型，研究发现，就目前合作状况与效益而言，东道国政府及我国微观个体减少适当的福利与优惠需求有助于提升"一带一路"PPP基础设施合作的稳定性。

关于贸易畅通平台机制的研究。这方面的相关研究主要从以下三个角度进行：（1）对国际贸易争端解决机制建设实践的分析（蒋圣力，2016；李凌飞，2017；倪楠，2017；李燕云等，2019）；（2）总结既有贸易合作机制的经验教训来为"一带一路"推进贸易畅通机制建设指明方向（胡颖，2016；李振福，2019）；（3）以贸易竞争性互补性分析作为推进贸易畅通机制建设的依据（李迎旭，2016；许培源和王倩，2019）。类似地，贸易多边合作机制建设的探索可以依据演化博弈的实证分析辅助科学决策，贸易竞争性互补性的指标更可作为博弈利益函数赋值的依据。

资金融通机制方面，相关研究可划分为金融发展合作和金融稳定合作两大领域，前者的现实成果和研究都较多，已有文献包括多边（翁东玲，2016；崔文瑞和张武浩，2017；王国刚，2019；温灏沈和继奔，2019）和双边（者贵昌等，2017；姜慧，2018）两种形式，内容上多侧重于基于现实现状探讨机制建设，进一步发展机遇和实施路径（朱苏荣，2015；夏彩云和贺瑞，2015 等）。金融稳定方面的研究不只有货币互换等协议安排和上海合作组织开发银行等合作机制，更涵盖未来进一步发展所面临的"敌意风险"、投资等风险，以及急需通过筹建多边合作稳定机制来应对风险挑战（保建云，2017；王正文等，2018；张伟伟等，2019）。然而"一带一路"金融多边稳定机制还处于构思阶段，投融资风险管控、金融风险预警系统、跨境征信管理部门和机构等须有经济学理论结合实证、实践的研究提供政策参考。

2. 设施联通方面的国内外研究

公共物品问题是导致市场失灵的根源之一，全球公共物品供给严重不足的具体表现之一就是发展中国家基础设施较为落后。如果东道国自身经济实力弱，本国不能提供充足的公共产品，将会制约该国经济发展。"一带一路"倡议的设施联通可以弥补发展中国家基础设施建设的不足，这是本章研究的出发点。本章从基础设施涵盖的交通和能源两个方面展开文献回顾（通信基础设施的已有研究大都侧重于科学技术从而超出了经济学研究范畴，本章对此不做论述）。

（1）交通基础设施建设方面的国内外文献

基础设施建设是经济学关注的经典变量，交通基础设施常与运输成本联系起来，其与双边贸易的关系被广泛研究并且正效应得到认可（Inmaculada and Celestino，2005；Donaldson，2016），正因此，它才被纳入"一带一路"基础设施建设的重点领域。现有"一带一路"交通基础设施建设的相关研究大致分为以下三个方面：（1）对各国、地区基础设施现状及现实需求的分析（郭惠君，2017；余俊杰等，2020）；（2）以中国为投资主体，以产出弹性为代理变量对各国基础设施投资效率进行分析比较，作为投资决策的参考（张娟等，2016；胡再勇等，2019；李艳，2020）；（3）以 GTAP 模型等可计算一般均衡模型对新建交通基础设施的"冲击"带来的经济贸易绩效进行事前定量预测（许娇等，2016；黄先海和陈航宇，2016；王原雪等，2020；蔡霞，2020）。

（2）能源基础设施建设方面的国内外文献

能源基础设施是"一带一路"五通研究的重点，既有文献大致集中于下述三个方面：首先，关于能源对外直接投资的动因与模式分析。海外直接投资理论最早由 Hymer（1960）提出，Dunning（1988）将对外投资的动机分为资源获取型、市场占有型、效率追求型和战略投资型等四种类型。国内学者孟庆强（2016）将其运用于中国企业对"一带一路"沿线 42 个国家的投资动机。史丹（2012）提出中国能源对外投资合作的主要模式分别是参股与并购，合作开发、产品分成，风险勘探，以贷款换能源，工程或市场换购能源资源五种。其次，"一带一路"沿线国家的能源合作机遇分析。"一带一路"沿线国家的能源合作方面的定性研究主要对"一带一路"沿线国家的资源禀赋的现状进行了分析，并据此探讨能源合作的机遇和途径（郭天宝和杨丽彬，2015；黄卫平，2016；朱雄关和张帅，2018；孙俊成和江炫臻，2018）。定量方面的研究还很少见，主要有我国油气资源需求量的预测分析（张杰，2016），能源贸易受 OFDI 的影响分析（程中海等，2017；赵东麒，2018；宋雅琼，2019）等。最后，海外投资风险分析与区位选择研究。段宇平和吴昊（2015）、聂娜（2016）对中国海外能源投资风险进行了分类，并设计相关的评价方法为企业海外投资项目选择提供指导。在定量研究方面，蒋闰等（2016）通过专家打分并且运用层次分析法进行模糊综合评价，构建了石油投资风险评价体系。定量方面主要通过主客观赋权法构建"一带一路"沿线国家投资环境的评价体系：周铁军和刘传哲（2010）筛选出 11 个对外投资的可能影响变量进行逐步回归分析。

主观评价方法容易受到认识局限性等方面影响，而熵值赋权法认为波动越大的因素影响效力越大而赋予其更多权重的思路缺乏经济学理论基础，因为计量经济学认为只有在模型设定正确的情况下系数、协方差等才有经济学意义。

朴光姬等（2018）研究了在区域能源互补性合作条件下的能源合作提升区域能源安全的路径，以局部互信回应全局互疑。许勤华和袁淼（2019）基于地区能源合作安全和发展的角度，提出"一带一路"沿线能源合作的创新模式，即"纵向复合""横向规范"和"交叉主动"的新模式，在沿线国家和地区真正实现能源发展助推经济发展的普惠和共享。

3. 贸易畅通方面的国内外研究

国际贸易方面的研究汗牛充栋。贸易畅通的一个重要研究方向是贸易便利化，大量的国内外文献测算并考察了贸易便利化对贸易和经济的影响（Wilson et al.，2005；Shepherd and Wilson，2009；王中美，2014；孔庆峰和董虹蔚，2015；张晓静和李梁，2015；刘宇等，2016；陈继勇和刘燚爽，2018；葛纯宝和于津平，2020）。贸易便利化的相关研究为全面深入研究贸易畅通提供了基础。

相比贸易便利化，贸易畅通的内涵更广，其含义应大于贸易便利化，因此贸易便利化仅是贸易畅通的一个方面，贸易畅通还包括消除投资和贸易壁垒，塑造良好的营商环境（赵静和于豪谅，2017）。为了进一步考察贸易畅通对贸易流量和相关国家经济发展的影响，部分学者构建了贸易畅通的量化指标。赵静和于豪谅（2017）根据对贸易畅通的内涵分析，参照贸易便利化的评价指标和北大海洋研究院发布的"五通指数"，从便利化程度、投资水平和营商环境等三个维度构建了贸易畅通指标体系。作者使用该指标考察了中国与东盟国家的贸易畅通情况，分析结果表明，总体来看，中国与东盟间贸易畅通情况良好，但投资水平及营商环境仍存在改善空间。

从贸易畅通对经济发展的影响看，姚宇等（2015）采用 LYQ 模型分析了中国丝绸之路经济带上交通基础设施投入与地区经济产出之间的动态关系，贸易畅通因素对中国丝绸之路经济带经济发展贡献变化趋势显著，呈现明显正向递进过程。唐德祥等（2015）以市场分割指数为基础，用相对价格信息来衡量市场整合程度，使用我国"一带一路"倡议沿线的国内 18 个重点省份面板数据进行实证研究，发现对外经济开放程度的提升有利于促进区域市场整合。黄先海和陈航宇（2016）使用 GTAP 模型分析了设施联通和贸易畅通的实施效应，发现与传统自贸区的关税减免方式相比，"一带一路"贸易畅通所带来的福利提升程度更高，并且发展中国家获利更大。由于贸易畅通是影响经济发展的重要因素，因此有必要分析贸易畅通的影响因素。廖泽芳和宁凌（2015）及廖泽芳等（2017）基于引力模型考察了中国与东盟和"一带一路"沿线国家贸易畅通的影响因素，实证发现经济规模或经济发展水平、人口总量、优惠贸易安排以及运输距离对双边贸易畅通的影响显著，汇率等因素对其也有一定促进或阻碍作用。黄立群（2016）比较分析了贸易畅通和贸易便利化的评价指标，分析认为"一带一路"沿线国家贸易畅通或者贸易非常便利的国家非常少，贸易畅通的关键在于贸易制度对接。赵渊博（2018）研究认为，实现贸易畅通的关键在于建立和完善贸易便利化机制，从政策、资金、信息、时间这四个维度建立评价体系并提出相应的四方面的实现机制。赵静（2019）从贸易便利化、投资水平和营商环境这三个维度构建 13 个指标测算了 2016 年"一带一路"沿线贸易畅通水平。黄华华等（2020）利用2006—2018 年中国与"一带一路"沿线国贸易数据实证检验了"一带一路"倡议在促进国际贸易畅通中的重要作用，这一促进作用主要通过政策便利、设施联通以及文化效应实现。沈维萍和张莹（2020）指出，中国和"一带一路"沿线国有很大的贸易合作潜力，应通过拓宽贸易领域、优化贸易结构、关注贸易平衡、重视投资对贸易的拉动效应以及共建绿色"一带一路"等方式提高沿线贸易畅通度，同时对不同地区需要采取差异化的实现策略。

4. 资金融通方面的国内外研究

国内外学者对"一带一路"倡议的资金融通方面已经进行了许多研究，本章从"一带一路"倡议与金融双向开放的关系、金融开放与经济发展的关系方面、资金融通与其他"四通"的关系以及推进"一带一路"资金融通的路径等四个方面进行梳理。

在"一带一路"倡议与我国金融双向开放的关系方面。一方面，学者们一致认为，"一带一路"倡议为各国经贸合作、金融合作搭建了宝贵的开放性平台，要实现"一带一路"平台上的诸多正效应，离不开各国在不同层次、不同深度和广度的全方位金融合作，因此，构建有效的融资合作机制是建设"一带一路"的重点任务（张红力，2015；隆国强，2016；等等）。另一方面，巴曙松和王志峰（2015）评估了"一带一路"沿线国家的金融环境，认为这些国家的银行业发展快、风险低，而基础设施建设为我国企业提供了大量的投资机会，贸易投资双轮驱动打造了跨区大动脉，这些都大大提升了企业对于人民币的需求，从而面临着构建"人民币"区的契机，因此"一带一路"建设将为我国银行业和人民币国际化提供难得的发展机遇（李婧，2016；严佳佳和辛文婷，2017；赵子华等，2018；叶前林和刘海玉，2019）。在金融开放与经济发展的关系方面，已有研究并未达成共识。在关于金融发展对经济发展的效应的实证研究中，既有研究表明金融发展有利于促进经济增长（McKinnon，1973；Calderon and Liu，2003；Hassan et al.，2011；陆静，2012；邓宁，2018），也有研究表明二者之间并无因果关系（Gries et al.，2009；Menyah et al.，2014）。最近的研究发现，金融发展与经济发展的关系可能并非简单的单调关系。粟勤等（2015）发现，如果将金融包容作为金融发展的广度指标，并与金融深度指标共同作为金融发展的代理变量，那么，在长期，三者间存在双向 Granger 因果关系，且金融包容的经济增长效应大于金融深化；而在短期，三者之间并不存在这种因果关系。Sahay et al.（2015）发现，金融发展与发展中国家的经济发展之间存在倒 U 型关系，而非单调关系。可见，关于二者之间的关系还存在进一步探讨的空间，那么"一带一路"框架下的金融开放与沿线国家经济发展之间的关系，就值得深入研究。庄雷和王烨（2019）认为金融科技创新通过优化消费和投资结构进而带动经济增长。揭红兰（2020）研究发现，金融开放通过科技金融和科技创新的中介传导会对地区经济发展产生差异化的影响。

在资金融通与其他"四通"的关系方面，已有文献探索了金融发展与贸易和投资的关系、PPP 融资模式对推进基础设施建设的作用、跨境金融监管合作的问题等。首先，关于金融发展与贸易和投资的关系的文献非常丰富。从宏观的角度来看，实证研究表明，金融发展能够显著影响国际贸易的规模和结构（曲建忠和张战梅，2008；包群和阳佳余，2008；盛雯雯，2014），二者之间存在长期、稳定的因果关系（沈能；2006；徐建军和汪浩瀚，2008）。从微观的角度来看，很多研究从异质性企业的层面，发现金融异质性对于企业的国际化行为具有重要影响（Feenstra et al.，2011；阳佳余，2012；Manova，2013）。吕越和盛斌（2015）对我国企业微观数据进行实证分析发现，企业的融资约束对其国际化发展模式有重要影响：融资能力较强的企业可以实现出口，融资能力最强的企业则可以对外直接投资。其次，PPP融资模式对"一带一路"基础设施建设的重要性以及存在的问题，在文献中也有了不少的研究。学者们肯定了PPP模式在"一带一路"基础设施建设中将市场和政府优势互补的重要作用（薛文广和张英明，2015；温来成等，2016；等等），但郭菲菲和黄承锋（2016）指出，由于沿线大多数国家的政治、经济、文化、法律不同，PPP模式在"一带一路"倡议下的应用存在投资回报率低、投资环境复杂、风险大等问题。沈梦溪（2016）研究表明，国家风险和多边开发型金融机构会对PPP项目融资资本结构产生影响。类似地，罗煜等（2017）认为，我国开展PPP融资的时间不长，更应趋利避害、降低PPP项目的风险和失败率。"一带一路"沿线46个发展中国家的实证结果表明，制度质量和是否有国际机构参与都会显著影响PPP项目的风险。最后，跨境金融监管合作体现了资金融通推进中，政策沟通的重要作用。徐坡岭和刘来会（2016）指出，从制度规范角度来看，需要通过建立区域内国家间的监管体系、征信管理体系、风险防范体系和风险预警体系实现对区域内资金融通的监管。李研（2018）提出，政策沟通是保障、基建互联互通是优先领域、贸易合作是重点内容、资金融通是重要支撑、民心相通是社会根基，其中，资金融通是设施联通和贸易合作的前提，文化与制度通过影响资本要素的积累最终带来经济增长。吕越等（2019）研究认为，"一带一路"倡议通过"五通"实现对企业绿地投资的促进效应，该学者基于三重差分法研究发现，对外投资效应主要集中在能源资源和交通基建等行业，一些政策偏向的重点省份表现反而未达到预期，加强合作过程中的差异化策略制定与风险防控是今后政策实施需关注的重点。

在推进"一带一路"资金融通的路径方面。巴曙松和王志峰（2015）认为，必须打造"一带一路"区域的主流银行，提升我国大型银行的国际竞争力。范祚军和温健纯（2016）认为，我国推进区域资金融通，必须从对内改革、对外开放和风险把控等方面着手。要增强金融合作，升级机构建设和组织体系；优化资源配置，完善投融资市场体系；鼓励金融工具创新与建设服务体系；建设信用体系与信用评价体系；同时还要注意金融安全，完善金融监管体系。徐坡岭和刘来会（2016）在分析了中亚地区"丝绸之路经济带"沿线各国的经济差异、经贸关系和资金融通需求缺口等的基础上，提出应从满足经贸资金需求和项目融资入手，推进金融合作机制化；通过人民币国际化为区域资金融通提供核心货币和价值标准；以制度体系建设、融资工具建设和组织建设为核心，推动区域内资金融通的发展；同时积极推动区域内资金融通与区域外金融组织的合作。辜胜阻等（2017）认为深化"一带一路"沿线国家间的金融合作有助于完善国际金融体系和全球金融治理机制，加快人民币国家化进程，推动国际金融规则重构。杜婕和张墨竹（2019）认为"一带一路"倡议下绿色金融发展有利于提升国民生产总值，应进一步深化顶层设计并促使多方发动力量共建绿色"一带一路"，同时建立健全法律体系和风险防控体系，推动国内国际形成统一评判标准。

5. 人心相通方面的国内外研究

经济学文献中，关于"一带一路"人心相通方面的研究尚不丰富，已有研究主要集中在分析人心相通对我国经济发展的重要性以及我国与周边国家人心相通的现状。李诗和与徐玖平（2016）认为，民心相通的关键工作是做好人文交流，要通过不同文化间的对话交流来推动民心相通。中国提出的在共建"一带一路"中坚持和谐包容和互利共赢理念，充分反映了忠恕之道所蕴涵的为人谋之以诚、与人交之以恕的忠恕精神。忠恕之道是中国传统儒家文化和世界三大宗教文化的共同思想元素，可以作为各国人民和平共处、平等相待的金规则。因此，坚持忠恕之道可以打通阻隔人心的障碍，为"一带一路"建设营造和谐的人文环境，铺筑通畅的人心通道。赵波和张春和（2016）从资本运动和民族交往两个视角来分析世界文化交往，作者提出应以深化文化交往促进合作共赢和凝聚价值共识。赵立庆（2016）认为文化交流是我国通过"一带一路"倡议参与全球化进程的重要途径，通过找寻与"一带一路"沿线国家的共同文化、援助需要帮助的沿线国家以及加强我国国内的文化产业发展机制建设，使文化交流在"一带一路"进程中发挥出重要的促进作用。考虑到中国的东南亚政策更加注重"亲诚惠容"形象的塑造，以此培育双边交往的社会根基。翟崑和王丽娜（2016）从旅游文化、科教交流和民间往来三个方面构建了民心相通指数，分析了中国与东盟十国的民心相通现状，结果发现中国与东盟十个国家的民心相通的程度具有明显的分层，而且与十个国家民心相通的水平不一。常非凡（2018）认为可以从"国相交、民相亲、心相通"三个层次和三个维度来理解民心相通，立足于人类命运共同体的历史视野，重视社会系统生态构成规律。赵可金（2019）建立由联通度、熟识度、参与度、治理度和认同度五个因素构成的指标体系以衡量"一带一路"民心相通程度、发展进展与合作路径。

基于文化是民心相通的主要内涵，已有文献中也有不少关注了文化对贸易流量的影响。刘洪铎等（2016）通过构建文化交融指数，实证分析发现文化交融度与双边贸易流量存在倒 U 型关系，而且超过一半的样本点低于文化交融的最优值，这意味着提高文化交融程度有助于推动双边贸易流量。尹轶立和刘澄（2017）、方慧和赵甜（2017）从交易成本的视角考察了文化距离对贸易流量的影响，结果显示文化距离阻碍了双边贸易流量。进一步地，李文宇和刘洪铎（2016）测算了中国与"一带一路"沿线国家的空间、经济、文化和制度距离，计量结果表明，空间、经济、文化和制度距离均与中国与沿线国家的贸易往来明显相关。此外，使用孔子学院作为文化的代理变量，谢孟军（2016）、李青和韩永辉（2016）实证研究发现，孔子学院推动了中国与"一带一路"国家的贸易增长。方英和马芮（2018）实证发现，经济规模、人口规模、地理距离、文化距离等因素是文化贸易的重要影响因素，关税、自由贸易协定安排、进口清关时间等人为因素会影响文化出口效率。曾燕萍（2020）研究发现，中国与"一带一路"沿线国家文化贸易存在一定的市场错配，应增强同文化贸易互补性较高国家间的文化交流，创新文化贸易内容与方式，提升文化产品的国际竞争力，有选择地开拓新的、有潜力的文化市场。

（五）六大经济走廊：缓解世界市场失灵中的新型区域经济合作

随着"一带一路"从理念步入实施阶段，中国政府与沿途国家共同制定了六大经济走廊，根据国家发改委的统计，截至 2018 年，中国累计同 122 个国家、29 个国际组织签署了 170 份政府间共建"一带一路"合作文件，六大经济走廊是"一带一路"建设的核心内容。当前学界纷纷开始关注"一带一路"中六大经济走廊建设这一核心任务，相关研究主要围绕经济走廊建设背景、面临的问题、合作路径等几个方面展开。

1. 六大经济走廊建设背景与理论基础

20 世纪 90 年代初，全球化为发达国家和发展中国家带来了红利，但全球化是把双刃剑，也暴露出世界范围内的贫困差距扩大、环境恶化等问题。虽然目前出现了"去全球化""反全球化""改革全球化""再全球化""包容性全球化"的各种思潮，但全球化的脚步一刻也没有停止。为寻求解决世界市场失灵的途径，实现新兴市场国家、广大发展中国家和发达国家的共享和谐，突破增长极限，需要重构共享、互利、包容、开放的发展理念，"一带一路"倡议坚持的共商、共建、共享原则，正是这一理念的实践（郑伟、桑百川，2017）。"一带一路"倡议不仅体现了中国智慧，致力于寻找让世界经济复苏、让全世界贫困人口真正脱贫的方法，更重要的是能够加强各国之间的国际合作，促进经济的发展，推动新一轮全球化。"一带一路"的共建包括基础设施建设、国际产能合作、工业化信息化建设、贸易投资合作等多方面建设，可以经济走廊建设为载体，构建全方位、多层次、复合型的互联互通网络，推动区域经济合作，带动区域经济发展。从具体内涵来看，"一带一路"是一种有别于现有区域经济一体化机制，以发展为导向，具备开放性特征的新型区域经济合作机制。柳思思（2014）基于跨境次区域合作视角，总结了"一带一路"的发展动力机制，认为国家是跨境次区域合作的引导力量，地区政府是跨境次区域合作的推动力量，企业是跨境次区域合作的活跃力量，应通过国家引导、地方推动与企业激活"三位一体"推动跨境次区域合作。黄河（2015）从公共产品理论出发，认为"一带一路"倡议实施过程中的重点环节是促进区域及区域间合作，需要有关国家合作提供公共产品，特别是基础设施类公共产品，以契合"一带一路"沿线国家的实际发展需要。刘志中、崔日明（2017）则是从全球贸易治理机制的角度，阐述"一带一路"倡议在推进沿线国家市场开放、促进贸易投资自由化、推动全球贸易规则更加公平合理过程中所发挥的平台作用。

"一带一路"作为新一轮全球化条件下有别于现有区域经济一体化机制的新型区域经济合作机制,必然要求冲破商品和生产要素流动的地域和国界障碍,加强区域经济合作发展以促进国际分工体系的不断完善。西方发达国家的区域经济合作及其利益分享主要通过梯次深化的市场政策、市场机制和市场体系来实现,市场力量起主导作用。然而,由于我国市场经济尚不完善,跨行政区的区域经济合作受限。林民书、刘名远(2012)认为要通过对利益分享与补偿内容、范围、对象、标准等方面做出具体的制度安排,兼顾和平衡各方利益。在对外区域经济合作实践方面,我国早已形成以两岸四地为核心,以参与次区域经济合作和功能性区域经济合作组织为手段,以积极倡导与建立新的区域经济合作组织为导向的对外区域经济合作框架(于立新、王佳佳,2003)。在推进区域经济合作方面,张蕴岭(2013)以东北亚区域经济合作为例,认为应从发展由所有东北亚国家参加的高层对话与合作机制、深化东北亚地区的经济一体化与合作机制两方面努力推动东北亚经济一体化合作。

2. 六大经济走廊的概念与内涵

经济走廊的建设过程本身体现为区域经济合作,是相邻国家和地区实现区域经济一体化发展的重要途径。

3. 六大经济走廊建设过程中面临的阻碍

六大经济走廊是"一带一路"的构造骨架和物质载体,由于走廊涉及地理距离及制度差异巨大的众多国家,且军事、文化、宗教最为复杂,其建设本身的复杂性和系统性突出,跨区域、跨币种的资源整合和配置管理难度大。于洪洋(2015)分析认为"中蒙俄经济走廊"会给三方带来实实在在的利益,通过人员交流、加强贸易和货币流通促进共同繁荣,是中蒙俄推动合作和增进信任的最佳方式。然而,"中蒙俄经济走廊"的建设会受到蒙古国政策环境稳定性、俄蒙经济民族主义、经贸合作瓶颈制约等问题的困扰。刘宗义(2016)以中巴经济走廊建设为例,发现虽然中巴两国政府加大了推进中巴经济走廊建设的力度且获得明显进展。但中巴经济走廊建设仍面临巴国内政治掣肘致使项目执行效率较低、精英阶层对华态度分化；沿线安全问题严重、外部势力干扰等挑战。王艳红等人（2016）通过分析中国与孟印缅三国的经贸发展情况，发现彼此间贸易联系紧密，具有一定的互补性，但存在政治互信度不深、贸易摩擦资金缺乏、政策不通、交流不足等问题。何文彬（2017）对"中国-中亚-西亚经济走廊"的战略意义、经贸关系、政治互信、能源基建合作以及金融合作等建设基础进行阐述，通过定性定量分析认为，在推进该走廊的建设过程中存在沿廊国家经济发展可持续性差、基础设施落后、制度通道建设困难、走廊合作机制不确定四大困境。总体来看，众多学者的研究均表明，当前经济走廊建设存在政治互信度不深、贸易摩擦、基础设施建设通道不畅、资金缺乏、政策不通、交流不足等障碍，急需有针对性地消除或减少有可能阻碍六大经济走廊建设的不利因素。

曹忠祥（2019）指出，中巴经济走廊项目建设过程中存在四大问题：一是巴国内政治形势复杂，政治风险较大；二是基础设施与产能合作、人文交流等其他领域项目建设不协同，易引发政治、经济和社会问题；三是对中小项目关注不足；四是政策沟通不足。

罗雨泽（2019）认为六大经济走廊建设存在六大问题和困难：一是部分地区政治社会缺乏稳定性；二是一些经济走廊存在较为严重的信任赤字；三是民族主义、孤立主义和贸易投资保护主义抬头使区域经济合作遭遇挫折；四是经济走廊沿线国家设施建设联通协调难度大；五是经济走廊合作存在较多便利化障碍；六是六大经济走廊缺乏有效的协商机制。

王语懿（2019）指出，建设中蒙俄经济走廊将实现三个国家的战略互补，对相关区域也将起到辐射带动作用。但这一经济走廊开发难免造成生态环境问题，且由于三个国家的历史和国情等有所差异，生态环境风险加大可能滋生战略怀疑，对中蒙俄经济走廊相关投资建设项目带来不确定性。

方文（2019）认为，中老经济走廊建设发展前景向好，但也面临着诸多问题和风险。在经济方面，老挝产业底子相对薄弱、经济发展动力相对不足、投资环境不够宽松、交通相对滞后；在社会方面，老挝国内民众对中老合作的认识存在一定偏差；在地缘政治方面，中老经济走廊建设可能会引发越南的猜忌，并面临来自美国的压力。

4. 六大经济走廊建设的合作路径研究

"一带一路"的顶层设计已经完成，因此，进一步扎实推进全面建设六大经济合作走廊和若干海上重要战略节点显得尤为重要，不少学者对推进经济走廊建设的合作路径进行了探讨。卢伟等（2016）以中国－中南半岛经济走廊为例，提出构建以我国为主导的跨国生产网络和差别化的国际产能合作路径，构建与半岛各国之间更加均衡的贸易格局，全面推动经济走廊建设。何文彬（2017）从政治内涵、经济内涵两个层次分析经济走廊建设的可行性，探讨沿廊国家以建立多层次合作对话协商机制，完善利益均衡机制和争端解决机制来推进经济走廊建设。张秀杰（2015）提出，东北亚区域的中蒙俄经济走廊建设必须在维护相关国家共同经济利益的基础上，加强人文交流，建立安全信任机制，促进区域内的互联互通建设，增加各国之间的相互投资。王海燕（2016）则更为具体地从跨境交通运输合作、信息通道建设、物流基础设施建设方面构建中蒙俄经济走廊建设多向度立体交叉互补的实施路径。陈岩（2016）基于当前合作开放的基本条件，认为中蒙俄经济走廊合作开发的关键在于加快三国互联互通基础设施建设，创新产业合作方式，加强金融领域合作推进建立中俄蒙自贸区。汤永川等（2019）分析了我国与六大经济走廊沿线国家总体贸易和制造业合作情况，认为我国应当基于合作国家的工业化程度和制造业比较优势，推进互利共赢的高质量国际合作。

穆沙江·努热吉（2020）对连接中国与六大经济走廊国家的 45 个陆路节点口岸的产业发展潜力及路径进行研究发现，新亚欧大陆桥及中国－中亚－西亚经济走廊陆路节点口岸应重点推进高新技术、纺织服装、农副产品深加工及现代金融服务业发展；孟中印缅及中国－中南半岛经济走廊陆路节点口岸应重点推动机电产品生产加工、进口资源落地加工与特色产品加工业发展；中蒙俄经济走廊陆路节点口岸应重点推动机械运输设备制造、建材出口加工、进口木材、畜产品与矿产品落地加工业发展；中巴经济走廊陆路节点口岸因自然条件极为恶劣，暂不适合发展加工制造业。

二、 现有文献综合评述及发展空间

通过对相关文献进行梳理，可以看到，国内外学者已经对相关问题有了较为丰富的研究成果，这成为本书继续深入研究的重要基础。但是也要看到，目前关于"一带一路"倡议经济理论基础的研究相对薄弱。缺少统一的经济学理论框架的支撑，"一带一路"就是无源之水、无本之木，对于"一带一路"倡议的宣传推介十分不利。因此，关于"一带一路"倡议的经济学基础理论研究还有待进一步加强，特别是如何从经济学理论层面去解释"一带一路"倡议的合理性、科学性和可行性，还需要学界进一步深入探索。

由于"一带一路"倡议不仅仅包含经济措施，也不局限于科技、地缘政治或文化交流，既是引领新一轮经济全球化、改善全球经济治理的方案，也是中国新一轮对外开放的重大安排；既是区域合作平台，也有经济外交方面的考虑。因此，包括经济学、国际关系学，乃至跨文化交流等学科，都尝试对"一带一路"倡议进行了理论阐释。但是也要看到，"一带一路"倡议作为我国重大的战略选择，如何以马克思主义经济学为指导，抓住"一带一路"倡议经济学基础理论研究中的关键问题，即"一带一路"倡议的经济理论基础，展开研究，建立起"一带一路"倡议的经济理论基础，具有重大的理论和现实价值。

以马克思主义关于世界市场的学说和理论为基础来阐释"一带一路"倡议的经济理论基础，具有一定的合理性和说服力。"市场失灵"和"政府失灵"虽然是西方经济学率先使用的概念，但并非西方经济学的专利，马克思主义经济学早已经深刻阐述了"市场失灵"思想。马克思早就指出了资本主义经济的矛盾，并提出在经济全球化进程中国内的经济矛盾必然转化为世界经济矛盾。在借鉴西方经济学关于市场失灵和政府失灵理论的基础上，发展的马克思主义经济学把一国内部的市场失灵和政府失灵理论加以拓展，提出世界市场失灵理论和全球经济治理失灵理论，解释"一带一路"倡议中基本的经济学命题，将有巨大的研究发展空间，这也是本书研究的使命所在。

在全球经济治理失灵与"一带一路"倡议研究方面，当前的研究集中在分析全球经济治理变革的必要性及其根源，对于"一带一路"倡议与全球经济治理之间的关系虽有阐述，但更多地只限于从侧面去表述"一带一路"倡议对于我国参与全球经济治理的作用，并没有深入研究两者间的作用机理，而且，当前的研究缺乏为我国依托"一带一路"倡议参与全球经济治理并实现经济治理纠正世界市场失灵这一重要目标的经济学基础理论的相关成果。尤其是尚未提供"一带一路"倡议的相关经济学理论基础，缺乏基于纠正世界市场失灵这一治理目标的深入研究。在这些方面深入探索相关经济学基础理论，对于奠定我国进一步依托"一带一路"倡议，深度参与、引领全球经济治理具有重要的战略意义。

在"一带一路"倡议与新型经济全球化研究方面，关于共商、共建、共享"三共"原则的具体内涵分析还不是很多，现在的文献主要侧重于从概念角度解释这一原则，三者相互之间的逻辑结构和总体的理论框架还有待完善。同时，少有文献将共商、共建、共享原则和发展导向这一目标结合起来分析，更未能将"三共"原则与克服世界市场失灵、完善全球经济治理结合起来研究。因此，有关"一带一路"倡议共商、共建、共享原则的研究，还有待于厘清三者之间的逻辑关系，并结合"一带一路"发展导向这一目标，考察其与克服世界市场失灵和全球经济治理失灵的关系，建立一个统一的理论框架。

在"一带一路"倡议与"五通"研究方面，整体来看，尽管在政策协调失灵和机制平台建设、设施联通、国际贸易和区域经济合作、金融发展以及文化因素等方面已有研究，也有不少学者开始探索"五通"之间的相互联系，但鲜有从缓解世界市场失灵和全球经济治理失灵的视角进行的分析，对于"五通"之间相互联系的研究也远不够深入，而这正是本书研究的切入点。具体来看，关于政策沟通方面，利用政策协调失灵理论对"一带一路"沿线国家的政策协调有效性问题进行博弈理论分析的研究，还比较少，而这是对政策沟通及"一带一路"建设的制度保障，因而是值得深入探讨的问题。设施联通方面，现有文献中以产出弹性作为投资效率代理变量的方式过于间接，不能作为重大基础设施投资项目的决策依据，而很多研究所依据的 GTAP 模型是基于新古典贸易模型构建而成，没有考察规模经济和不完全竞争的情形，但是 GTAP 划分的许多产业如通信运输业具有明显的规模经济和不完全竞争特征，这将是进一步研究可突破的空间。贸易畅通方面，现有文献着重研究了贸易畅通，贸易畅通的定量研究有助于推进贸易畅通建设。但是现有研究侧重于贸易便利化的研究，关于贸易畅通的研究较少。从国内文献来看，已有的初步研究构建了贸易畅通的评价指标，从而为政策评估奠定了基础，但是现有的评价指标方法单一，子指标的选取各自不同，评价结果具有较大的差异，因此难以进行结果比较。资金融通和民心相通方面，已有研究基本围绕着文化层面在进行，说明文化交流是民心相通的重要载体，而且文化也对贸易流量产生了显著的影响。但是，对于民心相通的经济效应评价还不全面，而且定量分析民心相通的研究比较匮乏。贸易畅通和民心相通的关系研究方面，已有文献主要探讨了文化对贸易的影响，而没有分析贸易对文化的影响。同时，民心相通与资金融通、设施联通等的互动关系极少，这都是值得本书深入研究的问题。

在"一带一路"倡议与"六大经济走廊"研究方面，现有研究成果虽涉及六大经济走廊建设的内容，但并未深入研究六大经济走廊建设中的贸易创造效应、投资促进效应、产业升级效应、经济联动效应，也未从制度层面揭示"一带一路"新型区域经济合作机制的特殊性及对经济走廊建设的影响。这为本书的研究留下了空间。

CHAPTER 3

第三章

"一带一路"倡议的
经济理论基础

习近平总书记提出的"一带一路"倡议，已经成为我国深化对外开放、参与国际经济合作和全球经济治理的重要抓手，得到了世界众多国家响应，但世界上也存在一些不解和误读，如："一带一路"倡议是否排斥其他的区域经济合作机制，"一带一路"倡议是不是"新马歇尔计划"，是否是中国为了向世界转移过剩产能而提出的？到底如何看待并有效对接"一带一路"倡议，使"一带一路"倡议成为中国推动世界经济发展、各国分享中国经济发展成果的平台，离不开对"一带一路"倡议理论基础的探讨。

一、 "一带一路"倡议与世界市场失灵[①]

古典政治经济学的鼻祖亚当·斯密提出，市场这只"看不见的手"可以自发调节供给和需求、实现社会总供求平衡。早期资本主义市场经济一度崇尚自由放任，反对政府干预经济活动。但自由市场经济的实践证明其存在缺陷。

马克思主义经济学早就指出自由放任的市场经济的矛盾。因为自由竞争将不可避免地导致垄断，垄断会破坏市场机制的功能、降低效率；私人在追求收益最大化过程中，不愿意投资于公共产品和公共服务领域，使公共产品的供给不能满足需求，因而社会资源不可能得到合理利用；资本无节制地追求利润，疯狂掠夺资源、破坏环境。自由竞争还必然导致贫富分化，无法实现社会公平，使社会福利总水平下降，在两极分化中导致社会矛盾恶化。在私人追逐利润的过程中，个别企业有组织性与整个社会生产无政府状态的矛盾、生产无限扩大趋势与有支付能力的需求相对不足的矛盾加剧，必然导致周期性爆发经济危机，使国民经济呈现出周期性波动的特点，无法实现持续

---

① 桑百川．"一带一路"倡议助力克服世界市场失灵［N］. 人民日报（理论版），2016－8－31.

稳定发展。

1929—1933 年经济大危机促使人们反思自由放任的市场经济的缺陷，提出了"市场失灵"理论，即自由放任的市场经济存在效率、公平、稳定等方面的市场失灵问题。

其实，不仅在国家内部的市场机制自发配置资源存在"市场失灵"，在世界市场上同样存在"市场失灵"。资本在追逐利润的过程中，把触角延伸到世界每一个角落，发达国家为资本拓展世界市场开辟道路，推动了经济全球化进程，各国不同程度地参与到经济全球化进程中来，最终形成了世界市场。当今的世界市场仍然是发达国家主导的市场，但仅靠世界市场机制自发作用，许多问题也解决不了、解决不好，经济的全球化与世界市场自发作用的矛盾始终存在。

第一，世界市场机制不健全。

经济全球化不断发展使各国经济紧密联系在一起，各国市场成为世界市场的组成部分。但是，各国在货物贸易、服务贸易、投资、知识产权保护、环境保护、劳工标准、外汇转移和资本流动等领域差别性的、错综复杂的制度和政策，阻碍着世界市场实现配置资源的功能；各国文化存在多样性，价值观念不尽相同，如果缺少有效沟通和交流，同样会妨碍世界市场机制发挥功能，制约国际经济合作，降低世界市场资源配置效率。

第二，跨国公司垄断世界市场。

在世界市场上，金融寡头和跨国公司具有技术、资本规模上的优势，掌握着国际定价权，国际市场价格并不能灵敏反映供求关系的变化；庞大金融寡头和跨国公司的存在，形成了其他企业进入市场的障碍，其自身也存在着高昂的退出成本，导致企业并不能自由进出国际市场；跨国公司塑造出领先的国际品牌，提供着非同质的产品和服务，导致国际市场价格变动无法灵敏调节供给和需求。总之，世界市场是不完全竞争的市场，往往因跨国公司的垄断地位阻碍世界经济技术的扩散和进步，影响全球资源配置效率，降低全球福利水平。

第三，世界市场的公共产品供给不能满足需求。

跨国公司主导着经济全球化，却不能提供正常的公共产品供给。跨国公司把产品推销到世界各地，促进了贸易全球化；在全球市场配置资源，把资本投向世界各地，促进了投资全球化，并引发金融全球化，成为推动世界经济技术进步的重要力量，同时也形成了对世界经济的统治。因公共产品消费不具有排他性，收费困难，提供公共产品无法获得正常收益，跨国公司在全球市场追求投资收益最大化过程中，并不能为其实施贸易、投资的东道国提供正常的公共产品供给。发达国家在努力帮助本国跨国公司开拓国际市场的过程中，着力点在于促进贸易、投资自由化，而非为其他国家提供公共产品。如果东道国自身经济实力弱，本国不能提供充足的公共产品，则公共产品的供给就无法满足需求，反过来也会制约其经济社会发展。

第四，出现越来越多的外部性问题。

全球化的发展使人类面临越来越多的共同问题，如全球气候与环境问题、资源问题、恐怖主义、网络安全等。无论是环境、资源问题，还是恐怖主义、网络安全问题，都具有外部性，意味着要解决这些问题需要支付高昂成本，但受益者却是所有国家。在世界市场上，污染和破坏环境所支付的成本与收益不对称，掠夺性地开发资源可以获得高额收益，却威胁着资源可持续利用。靠市场机制自发配置资源，无法解决这些外部性问题。

第五，世界市场无法自发实现公平和稳定发展。

发达国家不仅在经济上占有绝对优势，而且在国际经贸规则的制定中占据主导地位，虽然现存的国际经济秩序和国际经贸规则体系在某种程度上照顾了发展中国家的利益要求，但主旨上仍然体现着发达国家的根本利益，国际经济秩序并不公平。广大发展中国家和不发达国家自身教育、科技水平低，经济基础薄弱，经济结构不健全，发展相对落后。各国在世界市场上的竞争实质是不平等的竞争，结果表现为南北差距巨大，甚至出现南北两极分化，难以实现世界公平。

在世界市场上，发达国家通过贸易向别国输出过剩产品，通过投资输出过剩产能。发达国家及其金融寡头控制着全球金融市场，向世界输出"有毒"的金融产品，国内的金融危机和经济危机很快衍生为世界性的危机，加剧全球经济波动，冲击世界经济的稳定性，使得各国无法独善其身，难以持续稳定发展。

二、 全球经济治理失灵与"一带一路"倡议①

生产力发展促进国际分工日益深化，资本在追逐利润过程中把触角延伸到世界每一个角落，生产力和生产关系的矛盾运动推动着经济全球化，最终形成世界市场。正如一个国家内部自由放任的市场经济存在市场失灵问题一样，仅靠世界市场的自发作用也会导致世界市场失灵，不能满足全球资源配置效率最优、世界公平和全球经济持续稳定发展，因而离不开对世界市场的干预，全球经济治理应运而生。但是，与政府在干预经济中存在政府失灵相似，同样也存在着全球经济治理失灵。

（一） 为什么全球经济治理体系需要变革

资本开拓国际贸易和投资的触角在世界各地逐步延展，遍及世界每一个角落，并最终形成世界市场。正如一国内部存在市场失灵一样，世界市场形成后，也存在着世界市场失灵，即存在效率、公平、稳定问题。世界市场机制不健全，跨国公司和金融寡头垄断世界市场，世界市场的公共产品供给不能满足需求，出现环境、公共安全等越来越多的外部性问题，使世界市场无法实现全球资源配置效率最优；发达国家拥有经济上的绝对优势和制定国际经贸规则的主导地位，将造成世界市场上不平等的竞争，导致南北差距拉大，难以实现世界公平；一些国家向世界市场转嫁金融、经济危机，加剧全球经济波动，冲击世界经济的稳定性。

为了矫正世界市场失灵，弥补世界市场缺陷，全球经济治理应运而生。但是，也如一国内部存在着政府失灵一样，在全球经济治理中也存在着全球经济治理失灵。全球经济治理体系和治理机制并没有根本解决世界市场失灵

---

① 桑百川，鲁雁南. 完善全球经济治理体系 [J]. 国际贸易，2020 （8）.

问题。

尽管美国主导建立的布雷顿森林体系三大支柱对全球经济治理发挥了重要功能，国际货币基金组织（IMF）维护了汇率相对稳定，世界银行（IBRD）促进了第二次世界大战后经济复苏，关贸总协定（GATT）致力于削减关税、非关税壁垒，推动了国际贸易发展，但是，这一由发达国家主导的水平型全球经济治理体系具有明显缺陷：它主要迎合了发达经济体之间的水平型经济合作诉求，发展中国家在 GATT 的前七个回合谈判中作用较小，IMF 为维护贷款者利益提出的种种条件，难以契合受援国实际并保障其经济正常发展，世界银行略显边缘化，在第二次世界大战后重建中一直被笼罩在马歇尔计划阴影之下。

全球经济治理三大平台的自我调整并没有消除其根本缺陷：包括新兴经济体在内的发展中国家仍然无法有效参与全球经济治理决策；过度强调经济自由化，忽视各国具体经济社会条件；多边组织决策体制也正遭受民主赤字困扰，无法真正考虑发展中国家的利益。

2008 年全球金融危机后，以 G20 诞生为标志，全球经济治理进入垂直型经济合作阶段或多元化经济治理阶段，也叫南北对话阶段。南北对话阶段全球经济治理的突出特点是成员代表性更广，更多的新兴市场和发展中国家加入了全球经济治理体系。但它也面临新的挑战。第一，G20 不具备国际法人地位，形成的仅仅是共识，缺少严格的、具有法律约束力的问责机制，缺少决策落实的保障机制，存在着落入一纸空文的隐患。第二，全球经济治理面临着碎片化的风险。因以 WTO 多哈回合谈判为载体的多边贸易进程长期受阻，区域经济合作加速发展，但错综复杂的各种自由贸易协定也形成了"意大利面条碗效应"，导致全球经济治理碎片化。第三，多边主义、贸易投资保护主义抬头。美国曾作为全球化主导者，重视领导权和全球制度的建设，然而却要抛弃 WTO。美国是经济全球化的受益者，然而美国国内受益不均。精英阶层受益大，中小企业和中下阶层受益小，因此在美国质疑全球化的声音越来越多，单边主义、贸易投资保护主义抬头，多边经贸规则和自由贸易理念面临着严重冲击。

总而言之，至今为止，全球经济治理体系并没有有效解决世界市场失灵问题。少数发达国家和跨国公司垄断世界市场、破坏世界市场机制的功能、阻碍技术扩散、扭曲全球资本流动和世界资源优化配置、制约落后国家的经济社会发展，公共产品尤其是发展中国家和最不发达国家的公共产品供给严重匮乏，污染、环境破坏和资源掠夺性开发等负外部性问题令人忧心；少数发达国家的财富堆积与大多数发展中国家的贫困并存，南北差距巨大的现实没有得到改观；个别国家爆发的金融危机通过世界资本市场、国际投资与贸易等活动迅速传导到其他国家，引发全球性金融危机和世界经济衰退，影响各国经济持续稳定发展。

为缓解世界市场失灵，增进世界市场资源配置效率，促进世界公平，实现世界经济均衡稳定发展，提高全球经济治理能力和治理效能，必须变革并完善全球经济治理体系。

(二) 为什么会出现全球经济治理失灵

全球经济治理体系存在缺陷并导致治理失灵，亦称全球经济治理赤字，其根源在于：

第一，全球经济治理体系权威性不够。经济全球化突破了各个国家和民族的边界，形成了统一的世界市场，为了克服世界市场失灵，本来需要一个统一管理和调节全球经济活动的超主权国家的全球政府，但是，民族、国家仍然存在，各国经济发展阶段不同，民族、宗教、历史、政治、文化、传统和价值观等不一，经济利益差别巨大，诉求各不相同，富有权威的超主权的全球政府并没有出现。因此，全球化的市场与主权国家作为世界经济活动的基本单元并存的矛盾，便表现为已有的全球经济治理体系在调控世界市场、克服世界市场失灵中因权威性不够而导致调控能力不足。

第二，全球经济治理机构信息不完全。尽管全球经济治理机构中汇集了一批世界精英，但全球贸易、投资、金融以及生产、分配、消费等经济活动所具有的复杂性，商品、服务、资本、技术、外汇等在全球市场的流动给各国经济社会带来影响的多样性，决定了至今人们对世界市场运行规律的认识仍然不足，全球经济治理机构所掌握的信息并不完全，因此，对干预世界市场运行所作的决策难免产生偏差，影响全球经济治理的效果。

第三，全球经济治理中利益取向的非中立性。在水平型全球经济治理体系中，发达国家主导着全球经济治理决策，这些决策往往体现发达国家的经济利益，忽视发展中国家的合理诉求；在垂直型全球经济治理体系下，发展中国家参与全球经济治理的机会增加，在南北对话中对发达国家控制全球经济治理产生了制约，但并未根本改变发达国家在全球经济治理中的主导地位。无论是水平型全球经济治理，还是垂直型全球经济治理，各个国家通常都把本国利益置于首位，并不能总是站在客观公正的立场上进行决策，因此，必然出现全球经济治理决策与矫正世界市场失灵的客观要求之间产生偏差，甚至伴随着发达国家与发展中国家之间、发达国家之间，以及发展中国家之间的利益冲突。

第四，全球经济治理决策的随意性。在全球经济治理的决策机制上，国际货币基金组织、世界银行实行磋商机制和多数表决机制。多数表决机制采取基本投票权＋加权表决权的多数通过原则，磋商机制能够更多体现发展中国家的利益，但多数表决机制则更多体现经济实力强大的发达国家的主导意志；世界贸易组织实行每个成员一票的一致性通过表决机制，也难免出现多数意志与个别成员自身诉求的冲突，使决策程序复杂化，达成一致的难度加大；G20 现行决策机制是通过协商达成共识，并没有一种正式的投票机制。现有全球经济治理平台能够调动资源规模的有限性与解决世界市场失灵问题的需求之间存在缺口，既无法保证决策的有效性，也不能准确计算干预世界市场的合理力度，因而制约着全球经济治理的效果。

第五，以规则导向的全球经济治理体系难以被普遍接受。长期以来，在美国主导下的全球经济治理体系寻求制度化、规则化、法制化，也取得了一定成效，形成了全球经济治理基本的多边规则体系。但是，2008 年全球金融危机以来，美国等发达国家却认为过去相对宽松的国际经贸规则使中国等新兴经济体和发展中国家受益过大，不符合美国利益，谋求建立一套高标准的贸易、投资自由化规则体系。但因其提出的缺乏包容性的过高标准的自由经济贸易规则一时无法被广泛接受，便谋求从区域、从双边入手率先建立起高标准的自由化的国际经贸规则体系，再寻机拓展其适应范围，直至成为全球多边规则。但规则导向的全球经济治理的有效性是以治理机构的高度权威性为前提的。在全球经济治理机构权威性不足或下降的条件下，不遵守规则的情况便时有发生，美国退出《巴黎协定》，以"301条款"等国内法处理国际贸易纠纷，不履行国际义务等，便是典型案例。新冠肺炎疫情在全球蔓延中，出现以邻为壑、推脱责任、指责他国的非理性行为，排外情绪、极端的民族主义和利己主义思维抬头，冲击国际合作，进一步割裂分化各国对待经济全球化的态度，在上述种种状况下强调建立高标准的贸易投资自由化规则体系更难取得国际共识。

(三) 如何完善全球经济治理体系

完善全球经济治理体系是一个长期的过程。积聚五千年悠久文明和改革开放快速发展经验的中国智慧，有助于推动全球经济治理体系改革，提高全球经济治理能力。针对现存全球经济治理体系的缺陷，未来应在坚持多元化治理进程的同时，塑造以共同发展为导向的、"面向21世纪"的国际经济新秩序，以便更有效地缓解世界市场失灵，促进各国经济共同发展，实现世界经济可持续增长，增进世界公平，构建人类命运共同体。

第一，推动从以规则导向为主转向以包容性规则为基础、以共同发展为导向。与规则导向的全球经济治理强调制度化和法制化、谋求建立高标准的贸易与投资自由化规则体系不同，以包容性规则为基础、以共同发展为导向的全球经济治理重视规则，也更强调非正式制度安排的作用，尊重各国自主意愿，在共同协商的基础上，寻求各国最大公约数，确立各国可接受的互利共赢价值理念，形成国际社会共识，以能力建设为基点，以推动各国贸易投资和经济社会发展、实现包容性增长为基本目标，提高各国尤其是广大发展中国家经济技术开发能力以及企业投资、贸易和全球资源配置能力，注重落后国家人力资源开发，提升社会公众就业竞争力，缩小各国经济发展差距，促进国际社会公平，构建人类命运共同体。以包容性规则为基础、以共同发展导向为主的全球经济治理体系并不排斥制度规则建设，而是把正式的制度安排与非正式的制度安排结合起来，在多边、诸边、双边等国际经贸规则中坚持发展优先、互利共赢，注重提升发展中国家和弱势群体的发展能力，实现世界各国经济均衡发展。

第二，提升多边经济治理机构的权威性。坚定推动经济全球化，旗帜鲜明地反对单边主义，维护多边体制在全球经济治理中的中坚作用。继续推动国际货币基金组织、世界银行的改革，不断提高新兴市场和广大发展中国家的决策权，完善决策机制，摆脱少数大国实质性控制多边治理机构决策的局面，减少因少数大国利益取向的非中立性而造成的决策偏差；推动世界贸易组织改革和多边谈判，促进贸易、投资的便利化和自由化，提升多边治理机构在全球经济治理中的权威；积极参与并推动区域经济一体化，促进区域贸易、投资便利化和自由化，弥补多边经济治理机构调动资源和协调能力不足的缺陷，强化区域经济合作国家的发展能力建设，反对排他性的区域经济集团；建立多边的、区域的经济发展帮扶机制，增强竞争力相对较弱的发展中国家和社会群体分享全球化红利的能力，缓和经济全球化过程中因国家之间、国家内部不同阶层之间双重的利益非均衡带来的冲突，减少经济全球化的阻力。

第三，完善世界贸易组织规则和决策机制。在世界贸易组织改革过程中，推动各成员接受高标准的信息透明度原则，缩小信息不完全带来的国际贸易治理决策偏差；支持开展国有企业规则谈判，完善竞争中性规则；发起国际技术规则谈判，要求发达成员和跨国公司在转让技术上承担更多义务，打破严重的技术垄断，禁止强制性技术转让，保障技术更好造福人类；完善补贴规则，反对完全取消产业政策，以保障各成员利用产业政策推动发展的权力，但要提高补贴政策合规程度，改善产业补贴方式；支持对不发达成员和发展中成员实行特殊与差别待遇，以促进其经济发展，建立发展中成员"毕业"制度；启动数据贸易规则谈判，坚持以保障国家安全为底线、建立数据信息自由交易例外制度，倡导建立数据贸易救济制度；坚持将投资便利化纳入改革议题，推动投资便利化取得实质性进展；完善争端解决机制，探讨改革

"一致同意"的决策原则,提高决策效率。

第四,支持 G20 机制化建设。为避免边缘化,或成为"空谈场",G20 的制度化建设势在必行。G20 的制度化建设主要包括:确定 G20 与联合国的法律关系,在联合国框架内完善 G20 的治理结构,提升 G20 的全球治理地位;设立秘书处和智库,明确 G20 作为协调经济政策与促进经济发展的长期治理平台的定位,主要议题集中在全球金融监管与稳定、可持续发展、环境保护、减贫与缩小国家发展差距等领域,缓解世界市场失灵;加强智库与国际货币基金组织、世界银行和世界贸易组织三大全球经济治理支柱的协调,加强与各国议会、政策研究机构、非政府组织(NGO)以及非 G20 国家的对话和合作,共商确定年度议题,减少因信息不完全而造成的治理决策偏差;建立并完善决策执行制度,由三大支柱推动决策协议和共识落实,建立决策落实评估制度、监督约束机制和争端解决机制,强化决策与执行之间的传导机制,提升 G20 决策的权威性和有效性。

第五,打造区域经济合作和全球经济治理的重要平台,构建人类命运共同体,以包容、渐进、公正、互惠的理念推动国际经贸规则制定和完善,充分体现"发展导向"的区域经济合作和全球经济治理原则,与各国发展战略对接,让世界分享中国改革开放和发展的红利,缓解世界市场失灵问题。

三、 "一带一路"倡议本质在于助力矫正世界市场失灵

世界上经济实力较强的国家理应为矫正世界市场失灵做出贡献。中国在经济长足发展、实力增强后,提出的"一带一路"倡议,不仅仅是区域经济合作平台,更在于以共享、互利、包容、开放等理念,加强与世界相关国家合作,与其他促进贸易、投资自由化的区域经济合作机制有效对接,承担更多国际责任,让世界分享中国改革开放和发展的红利,完善世界市场功能,解决世界市场垄断问题,增加公共产品供给,缓解外部性问题,提高相关国家资源配置效率,促进落后国家经济开放开发,提升其产业发展和内生增长能力,缩小各国发展差距,增进国际公平,实现世界经济长期稳定增长,为

缓解世界市场失灵贡献中国力量。

第一，"一带一路"倡议缓解世界市场垄断问题。

一是打破国际市场金融垄断。落实"一带一路"倡议所建设的亚洲基础设施投资银行（简称亚投行）、丝路基金，将弥补现有金融市场缺陷，缓解国际金融机构被少数发达国家控制、不能满足广大发展中国家基础设施建设和经济社会发展中庞大的资金需求的矛盾。中国在与"一带一路"国家开展贸易、投资、援助时，更多地使用本币作为结算货币，不仅具有高效、安全、节约成本等优势，同时也更有利于发展中国家摆脱发达国家货币政策的干扰和影响、降低汇率大幅波动所带来的风险。

二是打破世界市场技术垄断。国际产能合作是"一带一路"倡议的重要组成部分。中国改革开放 40 余年来，积累了大量的优质产能，制造业国际竞争力大幅攀升，为中国展开国际产能合作奠定了坚实的基础。随着更多中国企业"走出去"，将先进的生产技术输送给广大发展中国家，带动其技术进步，增强其自身"造血功能"和经济内生发展能力，缓解国际先进技术被欧美发达国家垄断的局面。

第二，"一带一路"倡议完善市场机制。

"一带一路"倡议主张经贸规则的互联互通，倡导以开放、包容的态度考虑各国的主张和诉求，以灵活务实的方法兼顾各国利益、协调各国矛盾，通过贸易投资政策的协调和规制改革，实现海关和边境管理机构现代化，加强贸易主管机构之间的协调沟通，培育透明可靠、公平竞争的国际商务环境，完善市场机制的功能，降低交易成本，提高市场效率，促进货物贸易、服务贸易、投资、物流等便利化，最终形成商品、服务和要素自由流动程序更高的大市场，扩大货物贸易、服务贸易和国际投资的规模，拉动相关国家经济增长。

"一带一路"倡议强调加强人文交流，实现人员交往的"互联互通"，包括商务旅行、跨境教育、旅游便利化和专业技术人才流动等方面。通过广泛的人文交流与合作，增强各国对彼此文化的认同感，增强各国间的互信，为减少各国政治、经济和文化等领域的分歧，消除因隔阂而产生的对国际经济合作的人为阻碍，以及为市场的肢解奠定人为基础，完善市场机制，使世界市场机制更好地发挥作用。

第三，"一带一路"倡议增加国际公共物品供给。

基础设施互联互通是"一带一路"倡议的重要内容。其包括交通、电力、信息通信与网络、能源等硬件基础设施的联通。利用亚投行等金融机构贷款、开拓公私伙伴合作关系（PPP）模式等拓宽融资渠道，建设、维护和更新高质量的公路、铁路、高铁等交通基础设施，促进海上基础设施建设，提高航空互联互通的效率和安全性，改善电力设施，增加能源供给，加强信息共享，改善通信技术，缩小数字鸿沟。

通过与"一带一路"沿线国家在基础设施建设领域的合作，增加基础设施等公共产品的供给，缓解公共产品供给不足的矛盾，打通国际贸易通道，消除设施阻塞，提升沿线国家贸易能力，让世界共享中国经济发展的成果。

第四，"一带一路"倡议解决外部性问题。

"一带一路"倡议通过积极建立应对区域内非传统安全问题的国际合作机制，在防灾减灾、防治疾病、应对气候变化、反对恐怖主义、维护网络安全等非传统安全领域进行合作，解决这些外部性问题。

在积极参与应对全球气候变化谈判中，积极参与公约框架下有关谈判，致力于推动构建公平合理、合作共赢的全球气候治理体系；将落实2030年可持续发展议程与"一带一路"沿线国发展战略有机结合，为广大发展中国家落实2030年可持续发展议程提供力所能及的支持和帮助，促进共同发展；反对一切形式的恐怖主义，推动"一带一路"沿线国家积极开展国际反恐合作，构建反恐政策对话机制，并深入参与联合国、亚太经合组织、全球反恐论坛等多边机制框架下的反恐合作，遏制恐怖主义滋生蔓延；促进海上丝绸之路有误国家积极参与海上安全对话与合作，构建多双边合作机制，努力保障国际通道安全畅通；倡议"一带一路"沿线国家深入参与网络领域相关国际进程，为维护全球网络安全做出积极贡献。

第五，"一带一路"倡议缩小世界贫富差距。

"一带一路"倡议强调国际社会以"发展"为第一要务、实现互利共赢，在开放合作中带动发展中国家发展和共同进步。通过增加基础设施建设，帮助发展中国家夯实经济发展基础，提高物流效率，提升贸易、投资便利化水平，增强发展中国家参与经济全球化的获利能力；通过建立新的国际多边金融机构，施行更为公平的国际金融秩序，为广大发展中国家发展经济提供融资平台，使其经济发展获得更大的动力；通过扩大国际产能合作，将中国改革开放以来积累的优质产能和先进生产技术转移给"一带一路"沿线国家，为其经济发展提供原动力，促进相关国家工业化水平，而非向其他国家转移过剩的、落后的产能；通过扩大双边贸易、投资合作，为沿线国家提供更多就业岗位，提升国民收入、福利水平，引领其经济发展走上良性循环轨道。

因此，"一带一路"倡议的着眼点和落脚点是帮助广大发展中国家提振经济发展水平，进而缩小其与发达国家之间的贫富差距，全面参与国际经济体系变革和规则制定，促进国际社会的公平正义。对于世界局部动荡和冲突问题，中国采用不同于武力解决的另一种思路和解决方案，即通过包容性发展带动地区经济和人民福利水平提升。

CHAPTER 4

第四章

共商、共建、共享：
新型经济全球化

在历史比较研究的基础上，深入剖析经济全球化的内在演变机制和发展规律，从治理理念、决策机制、分工机制、分配机制四个方面展开研究，探讨"一带一路"倡议中的发展导向的新型经济全球化理念，阐释以共商、共建、共享为核心特征的新型经济全球化发展机制。

一、 第一波经济全球化（19 世纪中后期至第一次世界大战前）

第一波经济全球化发生在 18—19 世纪中后期，以英国为首的欧美列强纷纷开展工业革命，加速了资本主义生产关系的建立和生产力的提高，各国先后通过殖民掠夺、倾销、奴役等方式开拓海外市场，对殖民地生产结构与市场结构产生了重大影响，统一的世界市场初具萌芽。可以看出，经济全球化是社会化发展的客观要求和必然结果，同时又是以西方发达国家为主导的。到第一次世界大战，世界秩序面临重构，社会经济生产遭到极大破坏，各国纷纷站在保护本国经济的立场上抵制自由贸易，第一波经济全球化浪潮至此结束。

（一）治理理念：丛林法则

丛林法则是自然界里生物学方面的物竞天择、优胜劣汰、弱肉强食的规律法则，而不是公平、正义、自由竞争的准则，却逐渐被用于粉饰帝国的侵略扩张。《共产党宣言》对 18 世纪中叶至 19 世纪的这一段历史有所描述，工业革命加速了世界市场的形成和海运、商业的发展，这种发展又进一步推动了工业革命的深化。[①] 正是在这样的历史背景之下，凭借着工业革命的先机优势，欧洲大国的生产力和生产方式发生了翻天覆地的发展与变革，他们纷纷

---

① 马克思，恩格斯. 共产党宣言［M］. 北京：人民出版社，2015.

推行殖民主义和霸权主义，以抢占更多世界资源，迅速获得资本积累。此时的欧洲大国位于经济全球化的中心地位，并主导形成了国际秩序，通过"弱肉强食"的资本积累方式和暴力打开市场的行径，迫使发展水平相对较低的其他国家和地区被动参与了第一波经济全球化浪潮。

具体来看，19世纪中叶以来的第二次工业革命，促进社会生产力飞速发展，改变了社会全貌，最终使得全世界的贸易、交通、战争形式等均发生了巨变，也初步形成了西方先进、东方落后的局面，资本主义逐步确立起对世界的统治。一方面，工业革命使世界各地的经济、文化、政治交融更加密切，并促进了世界市场的加速形成与发展，改变了社会的生产方式和人们的生活方式，使得经济全球化逐渐发生与发展；另一方面，工业革命使得资本主义经济、文化、政治、军事等各个方面出现发展不平衡问题，帝国主义争夺市场经济和争夺世界霸权的斗争更加激烈。而美、德、英、法、日、俄等资本主义国家作为工业革命的主要参与者，通过殖民掠夺和垄断的方式在世界范围内抢占市场，形成世界殖民体系和帝国主义，最终确立由欧洲大国主导的资本主义世界体系，世界经济逐渐成为一个整体。工业正是这些欧洲国家在当时世界秩序中占据主导地位的经济根源。

（二）决策机制：殖民主义和帝国主义

第一轮经济全球化涵盖殖民主义和帝国主义两个阶段。19世纪中后期至第一次世界大战前，殖民国家竞争加剧，除了老牌殖民国家又出现了德国、美国、意大利和日本这些新的殖民主义国家，在世界范围内大肆杀戮、抢占商品市场和原料产地、奴役当地居民，加剧了当地贫困落后，使得东方从属于西方。伴随着资本主义生产力发展和生产社会化程度的加强，垄断组织开始出现，少数人掌握着社会的大部分资源和财富，他们有一定的市场势力，影响着市场买卖和定价，尤其是对殖民地市场拥有完全决定权，此时的资本主义逐渐向帝国主义过渡。那么，这些大国如何通过国际制度、经济安排、外交、战争等手段来推动世界市场和全球化的实现呢？

第一，资本主义发展的客观需求推动了科学技术革命的进行。为了攫取最大利润，资本家有强烈动机推动科学技术革命，想方设法改进技术和生产效率，增强自身产品竞争优势。反过来看，科学技术的每一次重大突破和创新又促进社会生产力发生深刻的变革和进步，蒸汽技术的应用拉开了第一次工业革命的序幕，电气技术的广泛使用揭开了第二次工业革命的面纱，这些新技术、新应用的产生极大地加速了生产力和人类社会进步的步伐。①

第二，世界市场的形成具有历史必然性，是人类社会生产化发展的需要和资本主义生产关系发展的必然要求。资本主义生产方式的本质决定了它要摧毁封建的民族工业、推进世界市场的发展。工业革命带来的成果促使资本主义机器工业代替了传统工厂手工业，资产阶级对生产原料和市场的需求促使他们在世界范围内奔走，推行殖民主义、开拓新的殖民地，被殖民的国家和地区只能被迫打开市场，执行欧美资本主义国家强加给他们的社会分工，被动地参与着第一波经济全球化。从政治经济学的角度看，社会分工的深化和生产力的发展必然导致世界市场形成，世界各地的经济联系不断加强。②

第三，世界市场形成和经济全球化浪潮推动着资本主义自身发展到一个新的历史阶段，即垄断帝国主义阶段。资本主义特殊的殖民扩张方式、航海商业的高度发展使得其经济发展规模得以迅速扩大，世界资源快速流动到资本家手中，从而形成垄断资本。为充分释放资本主义生产力，资本家们需要对手里的垄断资源集中进行优化配置，行业结构也需要更加合理化的调整，从而形成新的历史时期下资产阶级发展所需的国内和国际联通、资源和资本循环。第一波经济全球化的发生和发展正是适应了这种历史大背景，让垄断资本在世界市场流动和积累，进入垄断帝国主义阶段。此外，值得注意的是，在世界市场形成和经济全球化程度加深的过程中，资本主义基本矛盾并未发生根本变化，而是通过世界各地紧密的经济联系扩张到全世界，加剧了自身经济体系的外部依赖性，使得世界市场形成了"牵一发而动全身"的状态。从这一点来看，各国在享受参与全球化的过程中，也要时刻把控全球化趋势

---

① 文兴吾．"科学技术动力观"与中国可持续发展［J］．软科学，2000（4）：9－12.

② 董岩．经济全球化与"中心－外围"理论［J］．拉丁美洲研究，2003（2）：50－54.

下世界市场失灵可能带来的风险与危机。

（三）分工机制：中心－外围分工体系

"中心－外围"理论核心是世界经济结构由生产结构同质性和多样化的"中心"与生产结构异质性和专业化的"外围"组成。[①]第一波经济全球化浪潮下，随着科学技术进步、制造业、国际贸易和投资迅速发展，欧洲帝国主义作为第一轮经济全球化的主要政治结构，完全主导了殖民地国家的发展进程和方向，帝国与殖民地国家之间的关系是建立在完全不对等的基础之上的。工业品生产国和初级产品供应国之间的国际分工格局逐渐形成，贸易不再是偶然的和互通有无的经济活动，落后地区原有的民族市场和区域网络不再是相对孤立和自给自足的，而开始参与到专业化生产和国际分工中，生产与消费变得显著依赖于外部市场。"中心－外围"分工体系下的世界贸易存在着极强的不平等。

一方面，位于"中心"与"外围"的地区从一开始就处在不同的发展起点上，集中表现为"中心"地区发展进程较快，而"外围"地区始终处于落后位置。在全球分工体系形成的过程中，国际资本输出是帝国加强其中心地位的主要经济手段，也是垄断资本主义对外扩张的重要途径。18世纪以来，英国率先爆发工业革命，最早建立资本主义工业经济体系，随后美、德、法、日等国纷纷加快工业化进程，这些工业先行国家通过殖民扩张、海外投资设厂等方式强势输出其价值理念和工业力量，世界其他国家和地区则被动地参与了全球化进程中的工业分工过程。最终，"中心"工业品与"外围"初级产品之间逐步形成了"中心－外围"分工体系，是资本主义世界经济体系的重要内容。"中心"国家处于有利地位，国际资本输出是帝国加强其中心地位的主要经济手段，也是垄断资本主义对外扩张的重要途径，而"外围"地区则被迫参与以这些国家为"中心"的初级产品的国际分工，全球范围内所有的殖民地和半殖民地国家在大量海外资本流入的情况下逐渐形成了依附于帝

---

① 董岩. 经济全球化基本问题研究［D］. 吉林大学，2013.

国主义发展的局面。

另一方面，在此"中心－外围"分工体系下，初级产品贸易条件存在长期恶化趋势，进而加深了世界经济发展的不平等性。由于资本积累需要和工业发展存在地区差异，"中心"和"外围"之间形成了不对等的国际分工体系，"中心"国家以技术创新和生产出口工业制成品为主，"外围"国家则以吸收非核心技术和生产出口初级产品为主。然而更为糟糕的是，初级产品贸易条件本身就存在长期恶化的趋势，进一步加深了国际分工的不平等性。造成此局面的原因可能有技术差异、贸易周期运动和产品收入需求弹性差异。①具体来看，技术进步在"中心"与"外围"之间的实现存在较大差异是造成世界贸易不平等的重要原因，贸易周期运动和产品需求收入弹性进一步导致"外围"国家产品在定价方面处于劣势。在"中心－外围"分工系统中，技术进步首先出现在"中心"地区，其次才有可能传导到"外围"地区。因此，"中心"地区工业部门的要素存在边际收益递增效应，更容易提高生产率，提高制成品价格，而"外围"地区初级产品加工部门的技术落后，投入要素边际收益递减，部门生产力低下，相对来说初级产品定价较低。技术进步的传播机制扩大"中心"与"外围"地区产品定价差异是导致后者贸易条件长期恶化的重要机制。而贸易周期运动和产品需求收入弹性只会促使"外围"国家产品价格进一步差异化，从而使后者浸没在持续恶化的贸易条件中，加剧了这种贸易不平等性的持续深化，致使殖民地与宗主国之间的经济差距日益扩大且难以填补。

（四）分配机制：偏向列强

第一波经济全球化浪潮中，工业先行国以绝对强势的力量占据了世界经济中心位，通过推行殖民主义和垄断主义，最终主导形成了关于生产初级产品和工业制成品的"中心－外围"分工体系。在此背景下，经济全球化浪潮的涌动给世界各地带去了多种多样的思想文化和科学技术。值得注意的是，

---

① 董国辉. 经济全球化与"中心－外围"理论［J］. 拉丁美洲研究, 2003（2）：50-54.

在经济贸易活动之下的福利分配也存在较大的差异。总的来看,欧洲大国凭借着技术优势在世界分工中占据着有利地位,最终从贸易活动中获利更多。相比之下,其他弱势国家从事着低附加值的初级产品的生产与出口,只能从贸易活动中获得较少的收益。本章借用经典学派的代表人物如亚当·斯密、李嘉图、穆勒等人关于贸易分工与利益分配的经济思想客观探讨了第一拨经济全球化浪潮中"偏向列强"的分配机制的成因。

第一,斯密关于经济全球化的贸易利益分配思想。斯密关于分工的核心观点发表在 1776 年出版的《国民财富的性质和原因的研究》一书中,提出"劳动分工可以提高劳动生产率",[①] 并且把这一核心观点运用到国际市场中,认为一国应当根据自身资源条件和生产力水平确定并生产、出口优势产品,而进口具有生产劣势的产品,首次从生产分工的视角阐释了经济全球化的动力。在工业化初期阶段,国内市场的狭小限制了劳动分工,使其难以激励专业化生产,而外部市场能提供剩余商品的销路,进而扩大本国范围内的劳动分工。

在殖民地贸易方面,斯密认为欧洲国家对殖民地的垄断贸易不仅抑制了殖民地的发展,且对自身的福利也有负向作用。他在《国富论》第七章论殖民地中指出,欧洲各国为实现资本积累推行殖民贸易,并对殖民地实行绝对的贸易垄断,通过低价收购当地物资和高价倾销其商品来获取超额利润。[②] 但是这种只为获利的行为往往会造成一些不可避免的无谓损失,因为在超额利润吸引下,欧洲宗主国大多会选择将产品出口到地理距离较远的殖民地市场,而不是相邻的欧洲他国或地中海沿岸,扭曲了资本的自然流向,抑制了殖民地的发展,也不能从长远上增加宗主国的产业利益。而且,资源从殖民地流入宗主国,使其进一步掌握技术与改进生产,形成对殖民地更深的贸易垄断,不利于工业经济的良性持续发展。尽管对殖民地的垄断贸易不利于国内工业结构的调整和升级,但是斯密仍极力推崇全球化,并充分肯定了其对世界福

---

① 亚当·斯密.国富论(上)[M].郭大力,王亚南译.上海:上海三联书店,2009.
② 亚当·斯密.国富论(下)[M].郭大力,王亚南译.上海:上海三联书店,2011.

利的增进作用。

全球化的贸易是一种正和博弈，必然带来资源配置的优化和世界福利的增进。斯密认为，只要消除垄断，按照绝对优势开展专业化生产和贸易，就可以优化配置世界资源，提高各国的劳动生产率，进而增进其物质财富。① 斯密站在发达国家的立场力推自由贸易，实际上是为资本主义的经济扩张服务，但他并未深入分析发达国家和欠发达国家之间的贸易利益分配。斯密是站在欧洲列强的立场进行研究的，他的理论也是为资本主义扩张所服务的。

第二，李嘉图关于经济全球化的贸易利益分配思想。李嘉图的观点和斯密类似，认为全球化贸易有利于提高利润率和促进资本积累，只要保证把资本用于最有利于资本家的用途，就能够促进资本主义生产的发展。他指出"最能保障整体利益的莫过于把资本作最有利的分配，也就是实行普遍的自由贸易"。② 李嘉图认为资本主义是人类社会发展的最高阶段，资本家和地主阶级的享受品的增加意味着整体福利的增进。自由市场这只"看不见的手"在其中起到了尤为关键的作用。他极力主张自由贸易政策，认为在充分的自由贸易制度下，在追逐利润的过程中，市场中的优势资源和要素自然会集中到更需要它们的行业与部门，从而最大化地产生经济效益并将经济利益扩散开来，并且还会最大化地分配劳动力，通过文明的贸易方式和手段将世界各国联系起来。其实这也是站在宗主国的立场上为资产阶级寻求扩张而提供的一种"合理合情"的理论说辞，并未考虑殖民地自身的经济发展需求与受到的利益压迫，在这一点上李嘉图对于贸易利益在各国分配的看法似乎是片面且错误的。

世界生产力的发展要以牺牲某些国家的利益为代价，一旦"看不见的手"失效，可将工人利益补偿给资本家，将殖民地的利益补偿给宗主国。这可以看作是"李嘉图定律"在世界市场的应用。宗主国可通过缔结不平等通商条约，通过限制殖民贸易得到利益。此外，李嘉图还提出富裕国家和贫穷国家

---

① 王太盈. 亚当·斯密的思想体系和贡献［M］. 北京：中国社会科学出版社，2019.
② 大卫·李嘉图. 周洁译. 政治经济学及赋税原理［M］. 北京：华夏出版社，2013.

如何增进社会福利与财富的方法，即各国按照比较优势原则将资源资本集中用于发展本国具有比较优势的行业，这样，富国就可以发展资本密集型行业，穷国只能发展劳动密集型行业。可见，李嘉图理论认为欧洲列强可以从全球化中获得更多利益，这是世界市场资源合理配置的必然结果和最优选择，殖民国的利益可以牺牲，全球化不可能让他们都享受到公平的福利。

第三，穆勒关于经济全球化的贸易利益分配思想。20世纪30年代前，廉价学派提出了相互需求论，约翰·穆勒承上启下，对李嘉图的比较成本理论进行了重要的补充，提出相互需求理论，按国际间商品交换比率解释国际贸易利得分配问题，首次从需求的角度阐释全球化的动力。他主张商品的交换条件或者国际价值由两国的供求决定，两国的生产成本潜在地定义了其交换比例的上下限，相互需求强度决定了均衡贸易条件对哪国更有利，需求强度越大的国家面临的贸易条件越不利，其利益越容易在全球化中受损。而且，一国内部的商品交换比例越接近世界市场商品交换比例，那么其在国际贸易中可能越处于不利地位，获利越少。

由此可见，在第一波全球化浪潮之下，国际贸易利益分配明显偏向欧洲列强，他们可以从全球化中获利更多，被殖民国家和落后地区则扮演着源源不断地向他们输送资本和利益的"小丑"角色。可悲的是当时没有任何经济学家或者学者为他们发声，他们只能在沉默中隐忍积累惨遭压迫和奴役的悲痛直至爆发，人们逐渐醒悟，奋起反抗，追求独立、自由与发展，认识到只有自身变强才能在欧洲列强主导的经济全球化游戏中发声、发言，参与更多的规则制定，真正从经济全球化中获益。

二、 第二波经济全球化（20世纪80年代至2008年全球金融危机）

20世纪80年代至2008年全球金融危机爆发，以美国为首的西方发达国家主导了国际经济秩序的构建，形成了以规则为导向，以国际货币基金组织、世界银行和关贸总协定为主要平台的全球经济治理体系。然而，霸权国家对国际经济规则的影响没有止于多边机制，其在区域和双边制度框架中亦长期占据支配地位，在机制建设、议题设置、决策程序等方面享有更高的话语权。随着经济全球化的深入和科学技术的发展，越来越多的国家被卷入国际分工体系，其中发达国家的企业更多集中在全球价值链的高端，发展中国家企业则普遍处于价值链的中低端。作为国际秩序的主导者，发达国家在很大程度上掌握了经济治理规则的制定权和解释权，故而从经济全球化进程中获得了更多的利益。

（一）治理理念：规则导向为主

第二次世界大战结束之际，随着英国整体势力的衰微，美国开始着手塑造新的国际秩序，凭借其强大的经济、政治和军事实力，主导了国际经济规则的制定。

在国际贸易领域，美国在战后初期主张发展自由贸易，倡导并推动了关税和贸易总协定的建立，先后通过七轮贸易谈判，促使各缔约方大幅降低关税。20 世纪 80 年代，美国的产业结构逐渐从资源密集型向资本和技术密集型过渡，服务业快速发展，货物贸易自由化水平的不断提高也使美国承受着巨大的竞争压力。在此背景下，美国在"乌拉圭回合"中极力推行服务贸易自由化，并将与贸易有关的投资措施和知识产权保护等新议题纳入谈判议程，最终促成了《服务贸易总协定》（GATS）和《与贸易有关的知识产权协定》（TRIPS）。考虑到 GATT 在规则执行上的局限，欧美等国就建立多边贸易组织达成共识，世界贸易组织（WTO）应运而生，成为推动贸易自由化的重要机制。

然而，美国并非自由贸易的坚定捍卫者，当自由贸易与本国利益发生冲突时，其贸易政策又往往表现出保护主义倾向。例如，美国为缓解自身的贸易赤字问题，先后颁布了 1974 年《贸易改革法》、1979 年《贸易协定法》、《1984 年贸易与关税法》和 1988 年《综合贸易与竞争法》，假借"公平贸易"之名滥用"201 条款""301 条款"，实则背离了 WTO 的非歧视性原则。①②

① 盛斌. 世界经济转变中的美国对外贸易政策［J］. 美国研究，1998（3）：30 - 49.

② 谢皓，杜莉. 美国对外贸易政策与 WTO 规则的关系分析与启示［J］. 世界经济研究，2002（5）：63 - 67.

在国际金融领域，美国通过主导建立布雷顿森林体系，奠定了美元作为世界货币的基础。虽然该体系已于 20 世纪 70 年代瓦解，但美元的霸权地位并未受到根本性动摇。例如，美国凭借美元信用长期享受着高额的"铸币税"收益，能够以本国货币对外举债而无须应对"货币错配"难题，可以免于承担稳定汇率的责任而自主选择财政货币政策，把调整经济失衡的负担转嫁给其他国家等。[1][2] 据估算，1981—2002 年间，可计量的美元国际化利益高达9530 亿美元。[3]

作为布雷顿森林体系的重要遗产，国际货币基金组织和世界银行与 WTO并称为全球经济治理的"三大支柱"。根据惯例，IMF 总裁和 WB 行长的任免权分别由欧洲和美国垄断，美国更是凭借其在两大机构中的份额优势享有最大的表决权，可以轻易左右机构的重要决策以实现自身利益的最大化。例如，在 20 世纪 90 年代爆发的地区性金融危机中，IMF 对不同国家的援助态度在很大程度上影射了美国的战略意图，如坚决援助墨西哥以推动北美自由贸易区的发展、对韩国等亚洲国家施加苛刻的援助条件以打压"东亚模式"、对阿根廷采取听之任之的态度以影响其国内政治。[4]

布雷顿森林体系崩溃后，七国集团（G7）在全球经济治理中发挥了重要作用。G7 成立之初旨在解决 20 世纪 70 年代爆发的能源危机和经济滞涨问题，80 和 90 年代则分别以解决美国经常账户赤字和亚洲金融危机为主要任务。作为发达国家间的宏观经济政策协调机制，G7 的协调范围广泛涉及财政政策、货币政策、贸易政策、汇率政策等，对国际经济体系的塑造产生了重大影响。[5][6]

① 高程. 新帝国体系中的制度霸权与治理路径——兼析国际规则"非中性"视角下的美国对华战略 [J]. 教学与研究, 2012 (5)：57 – 65.
② 李向阳. 布雷顿森林体系的演变与美元霸权 [J]. 世界经济与政治, 2005 (10)：14 – 19.
③ 陈雨露，王芳，杨明. 作为国家竞争战略的货币国际化：美元的经验证据——兼论人民币的国际化问题 [J]. 经济研究, 2005 (2)：35 – 44.
④ 李巍. 霸权国与国际公共物品——美国在地区金融危机中的选择性援助行为 [J]. 国际政治研究, 2007 (3)：164 – 186.
⑤ 黄梅波. 七国集团宏观经济政策协调的有效性分析 [J]. 国际经济评论, 2004 (5)：17 – 22.
⑥ 张文才，龚倬，石丁. G7 与国际经济协调 [J]. 国际金融研究, 2006 (10)：14 – 17.

总体而言，在第二拨经济全球化的进程中，全球治理体系主要由美欧等大国主导构建，表现出强烈的规则导向，其间形成的国际经济规则也主要反映了发达国家的利益诉求。

（二）决策机制：霸权主义

20 世纪 70—80 年代，布雷顿森林体系崩溃，西欧和日本等国日益崛起，经济遭遇长期滞涨，对美国的全球霸主地位形成威胁。冷战结束后，经济全球化进程不断加速，世界格局向多极化的方向发展。为了维护自身的霸权收益，美国不仅充分利用和巩固其在多边机制中的支配地位，还积极构建区域和双边网络，试图通过建立制度霸权，影响经济全球化的发展方向。

多边机制是国际规则形成的主要平台。在 IMF、IBRD 和 GATT/WTO 的建立过程中，美国都发挥了重要的主导和推动作用。IMF 和 IBRD 均采用加权投票制，各成员国投票权的大小与其认缴的股本或基金份额相关，而包括修改章程等重大事项必须获得 85% 以上的投票方可通过。长期以来，美国在这两大机构的投票权均高于 15%，即实际享有一票否决权。

在 GATT/WTO 框架下，美国同样主导着规则的制定。作为其外交政策的重要组成部分，美国的贸易政策是国内众多利益相关者博弈的产物，而总统和国会在政策制定上存在着权力制衡。[1] 自《1974 年美国贸易法》颁布以来，美国总统可通过获取国会的"快车道"授权（后称"贸易促进权"），扩大其在贸易决策体制中的权力，确保美国政府在贸易谈判中的权威和可信度，从而加快贸易协定的达成。实践中，"快车道"模式对促成"乌拉圭回合"谈判和《北美自由贸易协定》等发挥了重要作用，一度成为美国推进经济霸权的工具。[2]

20 世纪 80 年代，GATT 框架下的多边贸易谈判因美、日、欧在农业问题上的分歧而陷入僵局，东盟和欧共体等区域组织快速发展，区域经济一体化

---

① 张丽娟. 美国贸易政策的逻辑 [J]. 美国研究，2016（2）：18 - 34.
② 徐泉，陈功. 美国外贸法中"快车道"模式探析 [J]. 国际经济法学刊，2005（3）：65 - 85.

成为引领世界经济发展的潮流。随着 WTO 的成立，发展中国家在多边贸易体制内的整体实力日渐增强，进一步削弱了美国主导世界贸易秩序的能力。另一方面，美国可依托自身的相对实力从区域和双边贸易制度安排中获取更多利益，并助推其重获全球贸易发展的领导权。在此背景下，美国将贸易政策的重心转向了发展区域和双边贸易关系。①

以 1988 年签订的《美加自由贸易协定》为基础，美加墨三国于 1992 年签署《北美自由贸易协定》（NAFTA），该协定于 1994 年正式生效。NAFTA 之所以能够快速达成，在很大程度上缘于美国在该地区的绝对实力优势以及加、墨两国对美国市场的高度依赖。美国在主导自贸区建立的过程中也照顾到了各方的利益诉求。例如，在关税减免方面给予墨西哥较长的过渡期，强调《美加自贸协定》的蓝本地位以打消加方的顾虑，设立自贸委员会主管的争端解决机制以保障谈判各方的话语权等。由此，美国实现了在北美地区的制度霸权。② 20 世纪 90 年代，美国欲进一步扩大其对区域经济秩序的主导权，着力推动建立包含 34 个国家的美洲自由贸易区（FTAA）。虽然该计划最终因巴西的抵制而宣告失败，但美国仍成功利用其优势地位，与智利（2004年）和秘鲁（2009 年）达成了双边自由贸易协定。2005 年，美国与包括哥斯达黎加、萨尔瓦多、危地马拉、洪都拉斯、尼加拉瓜和多米尼加在内的 6 个国家共同签署了《中美洲自由贸易协定》，其对区域贸易的影响力也因而辐射至西半球国家和加勒比海地区。③

值得注意的是，大国主导的区域和双边贸易协定往往涉及更加广泛和严格的规则，这些规则通常会演变为多边或诸边制度。例如，"乌拉圭回合"谈判涉及的知识产权保护、服务贸易自由化、与贸易相关的投资措施等议题在美国参与的区域贸易协定中都已存在，而未涉及的环境保护、竞争政策、劳

① 陈剑煜. 从制度结构视角审视美国霸权与碎片化贸易的关系 [J]. 国际商务（对外经济贸易大学学报），2017（1）：16 – 27.
② 孔繁颖，李巍. 美国的自由贸易区战略与区域制度霸权 [J]. 当代亚太，2015（2）：82 – 110.
③ 王翠文. 从 NAFTA 到 USMCA：霸权主导北美区域合作进程的政治经济学分析 [J]. 东北亚论坛，2020（2）：19 – 31.

工条款等议题也被纳入了"多哈回合"的谈判范围。信息技术协定（ITA）于 1995 年由美国和欧洲的私人部门通过跨大西洋商业对话机制（TBD）启动，后经亚太经合组织（APEC）讨论，最终于 1997 年正式签订，成为 WTO 框架下的诸边协定。①

由此观之，全球治理规则的形成是国家间博弈的结果。由于各国的综合实力存在差距，霸权国往往通过"规则外溢"将国内规则上升为国际通行准则，从而对其他国家产生约束作用，非霸权国则更多地通过"规则内化"将国际规则纳入国内规则体系，成为国际规则的接受者和追随者。② 在全球治理的机制建设、议题设置、决策程序等问题上，发展中国家的话语权仍然十分有限。

（三）分工机制：全球价值链

20 世纪 80 年代以来，科学技术飞速发展，全球和区域一体化进程明显加快，国家之间的依存度不断上升，跨国公司逐渐成为世界经济的主要参与主体，使得国际分工体系呈现出一系列新的特征。

第一，国际分工形式日益多样，产品内分工成为主流趋势。在新技术革命与经济全球化浪潮的推动下，国际产业经历了由劳动密集型到资本、技术乃至知识密集型产业的梯度转移，国际分工也经历了由产业间到产业内、再到产品内分工的演进。20 世纪 80 年代，发达国家的跨国公司为提高自身的竞争优势，将各国作为生产车间进行全球布局，将同一产品的不同生产工序和服务环节分散到世界各地，对生产性活动和支持性活动进行更加细致的划分。由此，海外投资企业的服务对象不再是某个独立的市场，而是跨国公司所在的某个区域乃至全球市场。随着这种全球性生产网络的形成，国家间的联系不再仅仅发生于产品生产完成后，而是广泛建立在研发、制造、营销等多个环节。

① 李向阳. 国际经济规则的形成机制［J］. 世界经济与政治，2006（9）：67-76.
② 徐秀军. 规则内化与规则外溢——中美参与全球治理的内在逻辑［J］. 世界经济与政治，2017（9）：62-83.

第二，离岸外包业务规模扩大，中间品贸易获得快速增长。随着科技革命的迅猛发展以及本国劳动力成本的不断上涨，发达国家的跨国公司通过将生产环节碎片化，把一般性加工制造、组装、后勤服务等非核心业务外包给发展中国家的专业化公司，自身则致力于关键技术研发、核心部件生产、全球营销布局等重要环节。截至 2006 年，世界最大的 2000 家企业中有 80% 以上开展了离岸外包业务。这种模式带动了以零部件为主的中间产品贸易快速增长，同时也催生了基于全球价值链的国际分工新模式。

第三，资源禀赋对国际分工的影响有所减弱，科技创新成为竞争优势的主要来源。随着新技术革命和经济全球化的发展，自然资源和普通劳动力等传统生产要素在财富生产和商品价值创造中的作用逐渐减弱，而技术、信息、人才和创新机制等知识性要素的贡献日益凸显。以价值链为纽带，国际分工模式逐步由各国按比较优势向世界市场提供产品，过渡到各国按比较优势向跨国公司生产提供要素。知识密集型产业逐步成为发达国家的支柱产业，传统的劳动密集型产业则主要转移至发展中国家，资本密集型产业则随着国际产业的梯度转移由发达国家向新兴发展中国家集中。

第四，参与国际分工的国家和地区日趋多元，但各方地位和话语权存在较大差距。在早期的垂直分工体系中，欠发达国家以殖民地或附属国的身份为工业国或发达国家提供原材料或初级产品，这种不平等的分工体系主要靠暴力来维持。第二次世界大战之后，国际分工主要以产品差异化和规模经济为基础，发生在发展水平相近的工业国之间，大多数发展中国家因而被排斥在国际分工体系之外。而随着全球价值链的形成和发展，参与国际分工的国家或地区数量远超以往，无论发展水平高低，均可凭借比较优势成为全球生产网络中的一个节点。然而，国际分工规则的制定权却掌握在以美国为首的少数发达国家手中，世界生产活动的大部分技术标准也被美欧日等发达国家的跨国企业所垄断。

简言之，基于价值链的国际分工呈现出"三重金字塔"的格局。其中，发达国家位居"金字塔"的顶层，主要生产关键零部件和资本品等中高端技术产品，占据着价值链的高附加值环节。新兴工业化国家处于"金字塔"中位，主要从事低技术产品的生产和中高端技术产品的组装工作，在高附加值零部件的生产方面尚存在明显的劣势。其他发展中国家则位居"金字塔"底层，主要为发达国家和新兴工业化国家提供初级产品。[1][2]

（四）分配机制：偏向发达国家

总体而言，全球化促进了世界经济的发展，加强了不同国家和地区间的贸易投资往来，为更多国家提供了参与国际分工的机遇。然而，由于国际制度固有的非中性和各国发展水平的现实差距，经济全球化的利益分配并不均等，而是更多地流向了国际秩序的主导者。

全球经济治理的核心是国际规则的制定和实施。在规则的制定过程中，各国往往持有不同的态度和立场，而同一规则的实施也会对不同国家产生相异的结果。换言之，制度并非中性，对各国利益的影响亦非均等。既有规则反映出，不同国家的相对实力在很大程度上取决于主导国家对于自身利益的考量。[3] 但颇具讽刺意味的是，随着全球化的不断深入，尤其是随着发展中国家的日益崛起，"发达国家受害论"甚嚣尘上，"逆全球化"思潮率先在西方国家抬头。

研究表明，全球化能够通过国际贸易、跨境投资等渠道带动世界经济的发展。在全球化扩张时期，发达国家之间出现了"俱乐部收敛"即国家发展水平趋同的现象，但这并未发生在发达国家与发展中国家之间。至于全球化是否会加剧发达国家和发展中国家之间的不平等，学术界尚未形成一致意见。但没有证据表明，全球化会使发达国家的利益受损。相反，综合考察全球化对扩大商品市场、增加外资流入、提高要素报酬、增进居民福利、优化产业结构的直接影响，以及促进人才流动、推动技术进步、改善贸易环境等间接

① 陈永志，吴盛汉. 当代国际分工的变化及其对国际价值的影响与启示 ［J］. 当代经济研究，2013（11）：16－21.
② 杨文武，罗文宝. 国际分工体系的演进动因及启示 ［J］. 人民论坛·学术前沿，2016（9）：44－55.
③ 宋国友. 后金融危机时代的全球经济治理：困境及超越 ［J］. 社会科学，2015（1）：23－30.

收益，发达国家恰恰是最大受益方。①

从生产和贸易全球化的影响看，虽然发展中国家的国际分工参与度有所提高，但由于其大多处于全球价值链的下游，因而所得贸易增加值明显不及发达国家。数据显示，2009 年，除加拿大之外的 G7 国家在全球价值链中的贸易增加值份额高达 34%，除中国之外的新兴经济体占全球贸易增加值总额的 16%，其他国家仅占 8%。不仅如此，全球价值链在很大程度上是由于少数发达国家跨国公司在全球范围进行生产配置而形成。这导致发展中国家对地区价值链的依赖度较高，其出口中的国外增加值大多来自于所在地区的发达国家。而发达国家，尤其是 G7 国家的国外增加值来源则更加分散，其在技术密集型制造业和现代服务业都具备明显的竞争优势。②

从金融全球化的影响看，资本的大规模跨境流动促进了国家之间的贸易往来，提高了社会资源在全球范围的有效配置。但是在美国等发达国家支配和主导下的金融全球化的收益更多被发达国家获取，风险则大多由发展中国家承担。一方面，美国等发达国家作为国际储备货币的发行国，享有国际铸币税收益。此外，发达国家的机构投资者利用其在资金和经验方面的优势，通过从事跨境投机活动获取了巨额收益。如 20 世纪 90 年代在拉美和亚洲地区爆发的金融危机，就与外国机构投资者的投机行为不无关系。另一方面，发展中国家由于金融市场尚未成熟、监管机制尚不完善，所以更容易遭受金融全球化带来的冲击。例如，国际资本的短期流动将导致国家外汇储备和金融资产价格发生剧烈波动，跨国并购活动可能会威胁到发展中国家对关键资源和行业的控制权，国际资本的自由出入容易引发"资本外逃"现象等。③

不可否认，发展中国家通过参与国际分工、发展对外贸易、吸引外国投资等途径，促进了自身的经济发展、技术进步和制度变革，是经济全球化的受益者。但作为全球经济治理规则的主导者，以美国为首的发达国家占据着

---

① 李建军，李俊成. 全球化真的损害了发达国家的经济利益吗——来自全球化收益分配及其决定因素的证据 [J]. 经济学家，2019 (7)：101 - 112.

② 刘洪愧，朱鑫榕，郝亮. 全球价值链在多大程度上是全球性的——兼论价值链的形式及演变 [J]. 经济问题，2016 (4)：123 - 129.

③ 李翀. 论金融全球化过程中的利益分配 [J]. 世界经济与政治，2001 (2)：11 - 14.

全球价值链的高位，从经济全球化中获取的贸易利得和投资收益都远高于发展中国家，"发达国家受害论"是站不住脚的。

三、 基于"一带一路"倡议的新型经济全球化

2008 年，由美国次贷危机引发的金融危机席卷全球，欧美等发达国家经济陷入困境，暴露出既有全球经济治理体系中的诸多问题，包括私有制的体制缺陷、实体经济与虚拟经济的脱离、金融监管的缺位、治理结构的失衡等。由此，战后积累形成的全球经贸规则不断面临新的挑战。①

事实上，经济全球化与世界市场的调节作用之间存在固有的矛盾。国际经济规则的碎片化降低了世界市场的配置效率，在跨国公司的垄断下，世界市场公共产品供不应求，资源环境乃至恐怖主义和网络安全等外部性问题频发，全球经济存在"世界市场失灵"现象。保证世界经济的健康可持续发展迫切需要引入新的治理理念，建立更加合理的决策、分工和分配机制。②

作为负责任大国，中国提出的"一带一路"倡议顺应经济全球化的历史潮流，契合全球治理体系变革的时代要求。"一带一路"建设始终以发展为导向，秉持"共商、共建、共享"原则，将有助于解决"世界市场失灵"问题，为推动新型经济全球化注入中国力量。

（一）治理理念：发展导向为主

"一带一路"倡议是中国为实现世界和平、稳定、繁荣提供的一项重要公共产品。有别于以规则导向为主的国际经济合作机制，"一带一路"建设立足于发展中国家的国情和需求，秉持"共商、共建、共享"的原则，以发展导向为特色，旨在推动构建人类命运共同体，使经济全球化朝包容开放、普惠共赢的方向前行，为世界经济发展注入新动能。③

① 陈德铭. 全球化下的经贸秩序和治理规则［J］. 国际展望，2018（6）：1－22.
② 桑百川. "一带一路"建设助力克服世界市场失灵［J］. 南方企业家，2016（10）：63－65.
③ 李向阳. 论"一带一路"的发展导向及其特征［N/OL］. 经济日报，2019－4－25（16）.

具体而言,"一带一路"建设的"发展导向"主要体现在合作主体的开放性、合作条件的包容性以及合作方式的灵活性三个方面。

第一,"一带一路"合作主体的开放性。经济合作机制通常会对参与方加以限制,如硬法化的经济一体化合作一般限定在双边、区域或诸边范围的特定国家之间,而开放性、软法化的亚太经济合作组织也将参与方限定在亚太国家和地区。这意味着被排除在外的国家将无法分享合作带来的好处,甚至还会因贸易和投资转移效应而遭受损失。相比之下,"一带一路"倡议基于但不限于沿线国家,凡志同道合的国家和国际组织均可加入其中。目前,"一带一路"倡议的参与方已达百余个,覆盖亚欧、非洲、拉美、南太平洋等多个地区。另外,"一带一路"沿线国家以发展中国家为主,"一带一路"作为国际经济合作平台将为其经济和社会发展带来更多机遇,对促进全球的发展繁荣同样具有深远的意义。

第二,"一带一路"合作条件的包容性。西方主导下的国际经济合作大多对潜在参与主体设置了政治、经济、法律等方面的准入门槛,比如发达国家通常会将民主、人权、法治等作为开展合作的前提,IMF、IBRD 等国际金融机构将善治纳入了贷款条件,WTO 框架下的多边谈判以及双边和区域自由贸易协定(FTA)也往往涉及较高的环境和劳工标准。相比之下,"一带一路"倡议不对合作伙伴预设高标准的合作条件,尊重各国发展道路和模式,包容各种政治、经济、宗教、文化差异,这对启动和推进多层次、宽领域的国际发展合作具有深远的影响。在西方模式下,一些政局欠稳定、经济欠发达、法治程度较低、人权发展水平有限的国家通常会被排除在合作框架之外,而这不仅无益于改善其发展环境,还可能导致其发展状况进一步恶化。而"一带一路"倡议为这些国家提供了合作机遇,通过基础设施建设、优化营商环境、加快资金融通等多种途径促进这些国家经济和社会发展以及法治和人权状况的改善。

第三,"一带一路"合作方式的灵活性。现行国际经济合作主要以签署双边投资协定(BIT)或建立自由贸易区、关税同盟等高度法律化的形式展开,相关协定一般涵盖货物、服务、投资、知识产权及争端解决机制等方面的条款，准入标准也日趋严格。这种基于规则的合作模式普遍适用于市场化和法治化水平较高的发达经济体，但由于发展中国家的制度完善尚需时日，以灵活多样的形式开展对外合作可谓更加现实的选择。因此，"一带一路"倡议提出了基础设施建设、能源资源开发、国际产能合作、共建经济走廊、跨境次区域合作、设立境外经贸合作区等多种合作形式，除了采取 BIT、FTA 等传统硬法性约束外，还采取了如融资协议、贷款协议、项目协议、框架协议以及合作纲要、发展规划、行动计划、谅解备忘录等软法性约束。这种灵活的合作形式既有助于对接各国的发展战略，又与现行的区域经济合作机制并行不悖，为促进广大发展中国家的经济社会发展提供了更多切实可行的路径。①

需要指出的是，发展导向与规则导向并非对立的关系。一方面，"一带一路"建设不以规则为参与前提，但在合作推进的过程中，适时制定规则、建立机制将为项目的顺利进行及合作关系的稳定发展提供保障。另一方面，"一带一路"建设并不排斥现行的国际经贸规则和治理机制，始终遵循公平竞争、公开透明等国际准则和标准，充分尊重合作方的国内法律及其适用的国际规则，对规则导向的合作模式提供了有益的补充。

（二）决策机制：共商

"一带一路"建设秉持共商的决策原则，不搞"地区霸权"，以平等自愿为基础，充分考虑各国在发展水平和发展诉求上的差异，确保"一带一路"的建设规则由参与方共同制定，合作模式及参与程度均由各国自主选择。例如，在首届"一带一路"国际合作高峰论坛期间，中国提出的《"一带一路"融资指导原则》经 26 国财政部共同核准而成为共识。各参与国可根据本国的发展需求，选择适宜的合作领域和渠道。即使非"一带一路"参与国，也可通过开展"第三方合作"分享"一带一路"的发展成果。②

---

① 王彦志．"一带一路"倡议下的国际经济秩序：发展导向抑或规则导向［J］．东北亚论坛，2019（1）：78 – 91.
② 李向阳．"一带一路"的高质量发展与机制化建设［J］．世界经济与政治，2020（5）：51 – 70.

近年来，中方持续探索和创新"一带一路"共商机制，旨在通过平等对话和充分协商的方式寻求共识、促成合作，进而推动与参与方在项目、政策、规则等方面的协调配合。

第一，积极打造"一带一路"合作交流平台。例如，中国分别于 2017 年和 2019 年成功举办"一带一路"国际合作高峰论坛，40 位国家和国际组织领导人以及 150 个国家和 92 个国际组织的外宾出席了第二届论坛，该论坛已成为各方加强互信、深化合作的重要平台。中国自 2018 年开始举办国际进口博览会，为境内外企业洽谈合作、政商学研各界人士开展对话提供了广阔的平台，成为推动贸易自由化、便利化的重要举措。2019 年，中国为了加强"一带一路"媒体合作与人文交流，倡议成立了"一带一路"新闻合作联盟，联盟坚持相互尊重、平等协商、互助互利、自主自愿的原则，目前已经有来自亚洲、非洲、欧洲、拉丁美洲、中东和欧亚地区 98 个国家的 208 家媒体加入。① 此外，中国东西部合作与投资贸易洽谈会、中国西部国际博览会以及中国与东盟、南亚、东北亚、亚欧、阿拉伯地区国家共同举办的大型展会，都成为"一带一路"沿线国家沟通合作的重要平台。

第二，依托既有国际合作机制广泛凝聚共识。在构建人类命运共同体理念的引领下，"一带一路"倡议为弥补全球治理赤字提供了中国方案。中国充分利用二十国集团（G20）、亚太经合组织、上合组织、世界经济论坛、博鳌亚洲论坛等多边合作机制，在相互尊重和信任的基础上，与各国开展共建"一带一路"实质性对接，得到了国际社会的普遍认可。目前，"一带一路"倡议及核心理念已被写入联合国、G20、APEC 及其他区域组织的有关文件中。例如，2015 年，APEC 发表《上海合作组织成员国元首乌法宣言》，对建设"丝绸之路经济带"的倡议表示支持；2016 年 9 月，关于建立"全球基础设施互联互通联盟"的倡议在 G20 领导人峰会上获得通过；同年 11 月，193 个联合国会员国对共建"一带一路"等经济合作倡议表示欢迎，并呼吁国际

---

① "一带一路"新闻合作联盟简介［Z/OL］. http：//cn. brnn. com/414904/414906/index. html，2020 - 9 - 22.

社会为之提供安全有保障的环境；2017 年 3 月，联合国安理会决议首次载入"构建人类命运共同体"理念。

第三，与参与国建立多层次的双边沟通机制。随着"一带一路"建设的不断推进，中国逐步打通与沿线国家政商、民间、媒体、智库、高校等的沟通渠道，开展了多种形式的交流活动。例如，中国在 2017 年组织召开中国共产党与世界政党高层对话会，围绕共建"一带一路"深入沟通并发表《北京倡议》。在相关国家的大力支持下，丝路国际智库网络、"一带一路"智库合作联盟、高校智库联盟等陆续建成，多所高校为推进"一带一路"建设专门设立了相关研究中心、合作发展学院及联合培训机构。由人民日报社主办的"一带一路"媒体合作论坛已经成为中外媒体开展对话和务实合作的重要平台，通过合作拍片、联合采访、举办媒体论坛等活动，"一带一路"的国际影响力已得到了显著的提高。①

（三）分工机制：共建

随着经济全球化的发展和金融危机后的产业复苏，发达国家在全球范围内纷纷提出"再工业化"战略，抢占产业链制高点；发展中国家积极承接国际产业转移，承担着低附加值环节的加工制造工作；原先的国际分工模式受到极大冲击，新型国际分工模式初步耦合。在新型经济全球化的浪潮中，"一带一路"提倡"政策沟通、设施联通、贸易畅通、资金融通、民心相通"，通过互联互通的方式共建新的国际分工体系。基于"共建"理念的新型国际分工观念和机制不断创新，具体地，观念创新体现在坚持全球化思维和开展多重双边合作，机制创新包括共建经贸合作园区、开拓新的数字贸易发展通道、建立产业技术标准体系，构建跨国生产网络形成新"雁阵模式"。

首先，树立并坚持全球化思维。"一带一路"沿线国家无论是产业合作还

---

① 推进"一带一路"建设工作领导小组办公室. 共建"一带一路"倡议：进展、贡献与展望 [R/OL]. http://www.xinhuanet.com/world/2019-04/22/c_1124400071.htm, 2020-9-22.

是实现创新合作发展,都意味着经济活动在全球范围内的空间重组,每前进一步都是艰巨且不容松懈的,需要更加开阔的视野;坚持全球化思维,放眼世界、树立大局观。积极与国际标准比照和对接,注重与WTO规则的一致性;通过加强科技攻关,提升研发创新能力,增强国际竞争力。逆全球化的思想和行为都是有悖于历史发展洪流的,只有真正地坚持全球化思维,构建公正、公平、开放的经贸规则,将各国经济联系在一起,构建人类命运共同体,才是未来发展的正确方向与道路。

其次,基于优势互补、共建共享原则构建多重双边合作关系,同时实施差异化的产业发展引导政策。"一带一路"倡议涉及的国家多、范围广,且沿线国家间存在较大的文化差异,经济发展水平不同,相应的产业承接能力也不同,贸易合作方面也可能存在摩擦。因此,在与"一带一路"沿线国家开展经贸合作的过程中,要基于优势互补、共建共享原则构建多重双边合作关系,充分结合沿线国家的资源要素互补性和贸易互补性,挖掘贸易合作内容的多样性,释放双边合作潜力,打开发展"一带一路"倡议经贸合作的新局面;同时,实施差异化的产业发展引导政策,集中发展基础设施建设、产业投资、金融服务、国际贸易、能源资源、环境保护等领域。

最后,通过"一带一路"经贸合作机制创新,促进沿线国家平等自由地参与跨国生产网络,形成以我国为"雁首"、带动其余国家实现工业化提升与产业转型的新"雁阵模式"。一是在关键节点和港口共建经贸合作园区。吸引各国政府和地方投资建园,优化园区产业布局,促进现代制造业和服务业等相关产业融合发展;同时,集中资源和力量打造一批示范性工程和项目,优先以能源贸易基建为主。建立健全"一带一路"沿线合作的产业链和供应链,创新多方式、多渠道投资合作,以港口特许经营权等多种形式推动海内外基建企业的投资贸易合作。二是借数字贸易开拓新的发展通道。《"一带一路"数字贸易指数发展报告》中测算了30个"一带一路"沿线国家的数字贸易发展情况,不同国家情况各异,在坚持多重双边合作的基础上,正视"一带一路"各国开展数字贸易合作的潜力和问题,抓住信息化和数字化转型的重大机遇，采取差异化措施促进发展；① 同时，适度调整相关支持政策，加强"一带一路"数字贸易信息网络平台建设，完善人才培养与交流机制，逐步打开我国与"一带一路"沿线国家经贸合作的新局面。三是协商建立产业技术标准体系。包括产业标准、技术标准、技术认证、专利产权、政策协商等方面，加强与"一带一路"沿线国家产业技术标准体系的协商与建立，有助于增进经济合作和政治互信，为产业合作扫清障碍。为此，基于共商共建的原则，我们要更加积极主动地参与国际标准及相关技术法规标准制定，为发展中国家发声谋利益，掌握政策制定的信息动向以正面应对。此外，各中央及地方行业协会应该多开展与"一带一路"沿线行业协会及重点参与企业的对话沟通，提升国际互认的服务能力并检测市场开放度。

从历史角度来看，第一拨和第二拨经济全球化浪潮都是由发达国家主导和影响的，分工机制和分配机制都是偏向发达国家的，而广大发展中国家和落后地区被动参与全球化，利益遭到极大的压迫、掠夺，并且很多发展中国家长期被排除在全球价值链之外，或者参与度极低。"一带一路"倡议是基于广大发展中国家谋求和平发展的诉求、应对国际环境不确定不稳定因素日趋增多的挑战而提出的，也是新时期建立新型国际分工体系的重要一环。我国与沿线国家之间关系的定位是"互利共赢的战略伙伴关系"。因此，我们必须转被动参与国际分工的劣势局面为主动出击承担更多国际责任的大国担当，以"共建"为宗旨共同建立新型国际分工框架，让更多发展中国家拥有公平对话的平台和基础，使得经济、社会、环境效益有机结合，共享全球化红利。

（四）分配机制：共享

"一带一路"倡议的三共理念之一是共享，就是致力于让沿线国家平等参与全球化，共享全球化红利。基于"共商、共建、共享"的理念积极开展经贸合作，真正做到让沿线国家利益共享、机会共享，从而在经济利益、社会

---

① 电子工业出版社，中国工业互联网研究院，中国电子学会 ."一带一路"数字贸易指数发展报告 ［R］. 2020 – 9 – 5.

利益、制度利益等方面实现互利共赢。

第一，加强中国与合作伙伴的经济联系，共享发展成果。"一带一路"是在全球分工体系日趋精细化和实现更高水平对外开放的背景下所提出的倡议，反映出新一轮全球化竞争中广大发展中国家迫切想要从价值链低端向拥有技术、资本、信息密集型分工的价值链中高端环节转变的利益诉求，也刻画了世界经济循环由传统的"中心-外围"到以中国为枢纽的"双环流"体系的实现过程。① 在自由贸易区网络建设和贸易便利化方面，加快推进已经取得实质性谈判成果的双边自由贸易区进程，启动与主要贸易伙伴的双边自由贸易区谈判，促进以电子商务为代表的服务贸易新业态发展；在产业合作方面，交通基础设施、能源基础设施、航天、信息联通等方面都取得了成效，这些产业合作项目的增多体现了国际社会对"一带一路"倡议的认同与期待，同时也面临着拓宽产融合作的挑战；开展能源资源合作，沿线国家和地区丰富的能源储量对缓解中国能源紧张状况和实现"十三五"规划中有关能源清洁利用和减少对煤炭依赖度的目标有重要意义，在清洁可再生能源的开发应用方面也有很大潜力。

第二，给沿线国家和地区带来较大的社会效益，促进人文交流和生态环境保护。相知无远近，万里尚为邻，民心相通是"一带一路"建设的重要社会根基。"十三五"期间中国将为"一带一路"沿线国家和地区输送1.5亿人次中国游客和2000亿美元旅游消费，同时也将吸引8500万人次游客来华旅游和1100亿美元旅游消费；中国每年向"一带一路"沿线国家提供1万个政府奖学金名额、12万个来华培训和15万个奖学金名额；多次互办青年友好交流年并推出多项青年人才培养计划，举办"一带一路"创新创业国际高峰论坛等；加强"一带一路"相关国家间智库交流，为深入推进和进一步合作建言献策；推进生态环境金融合作，强化绿色引导效率，"积极推动绿色金融领域的各类国际合作"。②

---

① 刘伟．读懂"一带一路"蓝图［M］．北京：商务印书馆，2017.

② 2015年9月，中共中央、国务院印发《生态文明体制改革总体方案》提出了绿色金融体系。

第三，打造多层次合作机制，深化共识，增进合作和互信，让"一带一路"沿线国家共享制度利益。"一带一路"共建思路就是寻求中国与沿线国家的战略对接，如"光明之路"计划、"两廊一圈"战略、"铁路丝绸之路"计划、"全球海洋支点"计划等。战略对接旨在将中国的发展机遇转变为沿线国家的共同发展机遇，从根本上区别于近代以来西方殖民者、霸权者以我为主、其他国家服务并服从于我的局面，鲜明又深刻地体现了和平发展、合作共赢、互利共享的新型国际关系理念。①

自2019年底以来，新冠肺炎疫情在全球范围内迅速蔓延，对全球经济带来前所未有的冲击，并引发了全球金融市场的剧烈动荡。全球疫情蔓延和金融动荡加剧，无疑会对经济全球化带来巨大冲击，也会在很大程度上增加"一带一路"共建的困难。但就目前看，这些冲击和困难还都是可控的，不会从根本上阻止"一带一路"的共建步伐，"一带一路"沿线国家自发结成抗疫同盟的举动令人动容。

综上，以"一带一路"倡议作为区域经济合作和参与全球经济治理的平台具有重要的理论价值和现实可操作性。② 持续完善"一带一路"区域市场功能，吸引更多志同道合的伙伴加入亚投行、丝路基金等金融机构，打破少数发达国家对国际金融市场垄断局面，为"一带一路"共建共享和沿线国家经济发展提供更为充足的后备资金；加强国际产能合作，将中国大量优质产能和先进生产技术输送给广大发展中国家，增强其自身"造血功能"，缩小各国发展差距，促进实现国际公平；实现基础设施、国际经贸规则、人员交往的互联互通，为进一步加强国际经贸合作和打开"一带一路"新局面清除障碍。未来我们仍要以"一带一路"为契机，讲好中国故事，为新型全球化和全球治理提供中国方案、注入中国智慧。

---

① 王义桅. 世界是通的："一带一路"的逻辑［M］. 北京：中国商务出版社，2016.

② 桑百川，王伟. 全球经济治理体系变革与碎片化风险防范［J］. 国际贸易，2017（12）：4－8.

CHAPTER 5

第五章

"五通"：缓解世界市场
失灵的中国方案

"一带一路"倡议是一种开放性合作倡议，以"五通"即政策沟通、设施联通、贸易畅通、资金融通、民心相通为主要内容。从经济学理论上溯源，"五通"是缓解世界市场失灵的中国方案。

"五通"是相互联系、互相支持的五个组成部分，其发展是指从五个不同的层面共同助力于缓解世界市场失灵这一命题。"五通"发展以政策沟通为机制保障，以人心相通为文化基础，以贸易畅通、资金融通和设施联通为实现途径。其中，资金融通是贸易畅通和设施联通的资金来源和催化剂，设施联通和人心相通有助于推进贸易畅通。政策沟通有助于缓解信息不对称、负外部性的政策协调和世界市场失灵；资金融通有助于打破国际金融市场垄断，缓解因垄断而导致的世界市场失灵；设施联通有助于缓解全球公共物品的世界市场失灵；贸易畅通有助于通过经贸规则的互联互通，减少经贸规则制定权的垄断现象，并且在缓解因垄断而导致的世界市场失灵的基础上，改善全球资源配置，增进世界市场效率；人心相通则通过人文交流建立互信，缓解因信息不对称而导致的世界市场失灵，并有助于为"五通"发展提供文化基础和支持。

本章通过分析"五通"建设的现状、存在的问题以及可能的对策，对"五通"及更高层面的"一带一路"倡议可能在解决世界市场失灵和全球经济治理失灵方面所起的作用进行深入剖析。本章篇幅安排如下：首先，对"一带一路"的"五通"建设总体发展情况进行描述；其次，分别从政策沟通、设施联通、贸易畅通、资金融通、民心相通这五个方面详细介绍"五通"建设的现状、目前存在的问题以及关于其各自如何进一步完善以缓解世界市场失灵问题的政策建议。

一、 "五通"总体状况三大评价指数

自 2013 年"一带一路"倡议提出以来，作为"一带一路"倡议重要内容

的"五通"建设已经过多年发展。通过中国与"一带一路"沿线国家多年来的持续推动,"五通"建设的政策沟通、设施联通、贸易畅通、资金融通、民心相通五个方面均有大幅改善,"一带一路"沿线国家之间的联系越来越紧密。目前通常使用三种指标来描述"一带一路"的"五通"建设总体情况,一是国家信息中心发布的"一带一路"国别合作度指数,二是北京大学发布的"五通指数",三是财新智库发布的"一带一路"总指数。

(一)"一带一路"国别合作度指数

国家信息中心发布的"一带一路"国别合作度指数可用于衡量"五通"建设的五个维度,即政策沟通度、设施联通度、贸易畅通度、资金融通度、民心相通度,其中政策沟通度从政治互信(包括高层互访、伙伴关系)和双边文件(包括联合声明、双边协定、协议文件)两个方面进行测度,设施联通度从交通设施(包括航空联通度、公路联通度、铁路联通度、港口联通度)、通信设施(包括移动电话普及率、宽带普及率、跨境通信设施联通)、能源设施(包括跨境输电线路联通、跨境油气管道联通)三个方面进行测度,贸易畅通度从贸易合作(包括双边贸易额、双边贸易额增速、跨境电商连接度)、投资合作(包括对外直接投资、实际利用外资、工程合作项目)两个方面进行测度,资金融通度从金融合作(包括双边本币互换、亚投行参与、双边货币结算)和金融支撑环境(包括人民币跨境支付系统、金融监管合作、银行海外分布、保险保障)两个方面进行测度,民心相通度从旅游与文化(包括友好城市、交流活跃度、人员往来便利化)、人才交流(包括孔子学院、人才联合培养)和双边合作期待(对方合作期待度、我方合作期待度)三个方面进行测度。该指数始于 2016 年,目前更新到了 2018 年,表 5 - 1 展示了2016—2018 年的各国国别合作度指数情况数据排名。

2018 年的国别合作度指数如图 5 - 1 所示。从表 5 - 1 和图 5 - 1 中可以看出:第一,俄罗斯、哈萨克斯坦、巴基斯坦等国与中国的联系非常密切,且这些国家 2016—2018 年国别合作度指数评分都较高,表明与中国联系密切的国家一直都比较稳定。第二,中国与各"一带一路"沿线国家的国别合作度

表 5 - 1　2016—2018 年"一带一路"国别合作度指数

排名	国家/地区	2016	2017	2018	排名	国家/地区	2016	2017	2018
1	俄罗斯	85.09	89.80	90.60	30	白俄罗斯	56.58	52.30	52.34
2	哈萨克斯坦	81.25	75.92	79.77	31	捷克	47.05	45.95	50.55
3	巴基斯坦	72.40	78.31	77.07	32	乌兹别克斯坦	49.10	48.84	49.53
4	韩国	—	—	76.15	33	伊朗	56.43	47.35	48.89
5	越南	70.74	72.21	75.25	34	孟加拉国	46.32	47.47	48.77
6	泰国	74.01	74.74	73.82	35	乌克兰	43.75	50.33	47.96
7	马来西亚	69.89	70.91	72.71	36	罗马尼亚	37.43	40.36	46.44
8	新加坡	69.22	71.69	72.16	37	文莱	33.27	37.99	45.91
9	印度尼西亚	71.33	70.7	69.86	38	塞尔维亚	42.68	38.56	43.47
10	柬埔寨	60.98	70.17	68.46	39	阿塞拜疆	36.66	41.74	43.75
11	蒙古国	67.62	68.34	67.26	40	埃塞俄比亚	—	—	41.81
12	老挝	65.98	64.81	67.07	41	马尔代夫	38.63	38.77	41.66
13	土耳其	62.45	64.96	66.92	42	约旦	38.39	40.21	40.86
14	新西兰	—	—	66.92	43	科威特	36.81	39.14	40.02
15	印度	57.74	64.71	65.99	44	格鲁吉亚	35.94	38.66	38.41
16	缅甸	61.43	60.99	63.49	45	巴林	30.82	36.63	37.81
17	吉尔吉斯斯坦	57.22	64.71	62.95	46	伊拉克	25.83	31.76	36.68
18	波兰	61.82	64.20	61.10	47	阿富汗	30.00	37.01	36.42
19	阿联酋	58.26	57.13	59.32	48	阿曼	27.10	32.27	36.31
20	埃及	57.99	56.21	59.24	49	巴拿马	—	—	36.12
21	菲律宾	46.33	53.15	58.84	50	摩洛哥	—	—	35.97
22	以色列	39.98	53.20	57.39	51	土库曼斯坦	37.71	31.16	33.57
23	斯里兰卡	61.34	53.69	57.33	52	亚美尼亚	30.34	36.15	33.36
24	尼泊尔	47.73	50.63	56.13	53	立陶宛	24.87	26.08	33.20
25	匈牙利	51.49	57.68	56.02	54	拉脱维亚	21.67	21.97	32.72
26	南非	—	—	55.50	55	保加利亚	34.17	31.61	32.15
27	沙特阿拉伯	51.66	53.74	54.80	56	克罗地亚	24.89	30.44	31.68
28	塔吉克斯坦	53.40	52.30	54.63	57	黎巴嫩	22.20	26.50	31.13
29	卡塔尔	49.32	47.13	52.52	58	斯洛文尼亚	25.22	23.91	28.79

续表

排名	国家/地区	2016	2017	2018	排名	国家/地区	2016	2017	2018
59	斯洛伐克	32.42	32.31	28.67	66	马其顿	21.52	16.71	21.78
60	马达加斯加	—	—	28.21	67	黑山	22.31	20.31	21.40
61	爱沙尼亚	23.79	18.43	26.01	68	阿尔巴尼亚	24.50	24.34	20.54
62	摩尔多瓦	19.26	24.17	25.86	69	也门	18.73	18.29	19.59
63	东帝汶	24.33	29.34	24.83	70	叙利亚	20.75	19.93	17.51
64	巴勒斯坦	13.66	17.75	22.46	71	不丹	8.67	9.57	11.65
65	波黑	16.83	20.74	22.09		各国平均	43.55	45.11	47.12

注：《"一带一路"大数据报告（2016）》和《"一带一路"大数据报告（2017）》报告了64个国家的国别合作度指数，《"一带一路"大数据报告（2018）》报告了71国的国别合作度指数。

资料来源：国家信息中心"一带一路"大数据中心. "一带一路"大数据报告（2018）［M］. 北京：商务印书馆，2018；国家信息中心"一带一路"大数据中心. "一带一路"大数据报告（2017）［M］. 北京：商务印书馆，2017；国家信息中心"一带一路"大数据中心. "一带一路"大数据报告（2016）［M］. 北京：商务印书馆，2016.

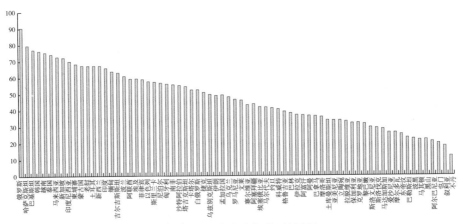

图 5-1　国别合作度指数（2018）

资料来源：国家信息中心"一带一路"大数据中心. "一带一路"大数据报告（2018）［M］. 北京：商务印书馆，2018.

指数差别较大，以2018年的数据为例，得分最高的俄罗斯国别合作度指数得分为90.60分，而得分最低的不丹国别合作度指数得分为11.65分，这说明中国与各"一带一路"沿线国家的联系状况并不均衡。最后，从2016—2018年国别合作度指数的各国平均分来看，各国联系紧密程度总体呈现不断上升的态势。

（二）北京大学发布的"五通指数"

北京大学发布的"五通指数"是基于政策沟通度、设施联通度、贸易畅通度、资金融通度、民心相通度五个维度编制的。其中政策沟通度包括政治互信、合作机制、政治环境三个子指标，设施联通度包括交通设施、通信设施、能源设施三个子指标，贸易畅通度包括畅通程度、投资水平、营商环境三个子指标，资金融通度包括金融合作、信贷体系、金融环境三个子指标，民心相通度包括旅游活动、科教交流、民间往来三个子指标。表5-2展示了2016—2018年"一带一路"沿线国家的"五通指数"。

表5-2 2016—2018年"一带一路"沿线国家"五通指数"

排名	国家/地区	2016	2017	2018	排名	国家/地区	2016	2017	2018
1	俄罗斯	47.62	80.39	86.24	23	菲律宾	26.81	57.24	63.66
2	新加坡	43.07	79.19	79.94	24	卡塔尔	34.40	63.48	63.38
3	马来西亚	43.49	77.24	74.59	25	老挝	30.93	54.19	62.96
4	哈萨克斯坦	38.49	70.96	74.52	26	乌克兰	28.61	48.59	62.64
6	泰国	42.48	68.57	73.56	27	瑞士	—	—	61.78
8	蒙古国	37.38	61.38	71.43	28	白俄罗斯	33.67	55.95	61.72
9	新西兰	—	—	70.91	29	伊朗	27.94	50.36	61.00
10	澳大利亚	—	—	70.63	30	比利时	—	—	60.94
11	印度尼西亚	41.22	62.90	70.33	31	塞尔维亚	25.93	52.97	60.87
12	柬埔寨	31.89	61.19	69.04	32	印度	33.55	53.73	60.40
13	巴基斯坦	37.27	61.72	68.93	33	瑞典	—	—	59.25
14	匈牙利	30.95	62.76	68.51	34	沙特阿拉伯	29.62	58.94	59.03
15	荷兰	—	—	68.39	35	捷克	27.32	60.39	58.95
16	越南	33.05	61.57	68.21	36	斯里兰卡	31.33	53.82	58.54
17	波兰	31.56	63.08	68.05	37	以色列	31.44	61.05	58.07
18	土耳其	34.23	57.72	67.75	38	爱尔兰	—	—	57.91
19	阿联酋	34.98	73.03	66.29	39	摩洛哥	—	—	57.51
20	意大利	—	—	65.21	40	缅甸	29.34	47.48	57.38
21	法国	—	—	65.10	41	尼泊尔	23.91	45.39	57.24
22	西班牙	—	—	65.08	42	科威特	28.61	56.47	56.80

续表

排名	国家/地区	2016	2017	2018	排名	国家/地区	2016	2017	2018
43	乌兹别克斯坦	32.35	53.36	56.69	69	马尔代夫	19.91	36.88	48.13
44	吉尔吉斯斯坦	27.33	52.29	56.35	70	约旦	25.61	45.53	48.05
45	丹麦	—	—	55.92	71	土库曼斯坦	26.48	44.02	48.00
46	奥地利	—	—	55.90	72	阿尔巴尼亚	26.33	44.38	47.67
47	塔吉克斯坦	26.35	54.58	55.86	73	黑山	21.66	42.69	47.55
48	埃及	31.15	52.21	55.70	74	塞浦路斯	—	—	47.44
49	立陶宛	23.41	49.70	53.92	75	阿塞拜疆	25.23	52.60	47.18
50	罗马尼亚	31.84	54.14	53.25	76	波黑	16.82	40.15	45.97
51	保加利亚	24.65	51.69	53.17	77	斐济	—	—	45.21
52	格鲁吉亚	24.40	53.96	52.97	78	文莱	26.89	51.09	43.96
53	阿曼	21.88	52.47	52.81	79	阿富汗	18.73	32.94	43.38
54	亚美尼亚	24.61	48.57	52.79	80	伊拉克	19.95	36.18	42.60
55	挪威	—	—	52.75	81	黎巴嫩	19.47	40.27	41.82
56	芬兰	—	—	52.49	82	马其顿	20.42	46.81	40.68
57	冰岛	—	—	52.25	83	阿尔及利亚	—	—	40.07
58	卢森堡	—	—	51.89	84	摩尔多瓦	21.12	38.81	39.75
59	孟加拉国	24.50	48.40	51.89	85	萨摩亚	—	—	38.84
60	希腊	—	—	51.85	86	巴布亚新几内亚	—	—	38.71
61	爱沙尼亚	22.98	50.09	50.77	87	瓦努阿图	—	—	38.51
62	巴林	22.67	50.81	50.64	88	东帝汶	14.05	29.66	37.74
63	克罗地亚	25.05	46.49	49.42	89	汤加	—	—	37.04
64	拉脱维亚	22.83	49.18	49.39	90	不丹	13.29	26.87	34.90
65	斯洛伐克	26.20	53.40	49.05	91	叙利亚	16.73	33.99	34.87
66	马耳他	—	—	48.93	92	也门	19.68	29.15	34.78
67	斯洛文尼亚	24.86	45.04	48.89	93	巴勒斯坦	—	—	31.79
68	葡萄牙	—	—	48.33	94	库克群岛	—	—	25.90

资料来源：2016 年数据来自北京大学"一带一路"五通指数研究课题组."一带一路"沿线国家五通指数报告 [M]. 北京：经济日报出版社，2017；2017 年的数据来自翟崑、王继民."一带一路"沿线国家五通指数报告（2017）[M]. 北京：商务印书馆，2018；2018 年的数据来自：全球首份 2018 "一带一路"沿线国家"五通指数"报告，http: //ocean. pku. edu. cn/info/1165/3077. htm.

图5-2展示了2018年各国的五通指数情况。从表5-2和图5-2中不难看出：首先，与中国五通联系最为紧密的三个国家为俄罗斯、新加坡、马来西亚，哈萨克斯坦、巴基斯坦的排名也比较靠前，与上述国别合作度指数的结果略有不同但较为一致，且与中国联系紧密的国家比较稳定，各年之间没有太大变化。其次，以"五通"指数衡量的中国与"一带一路"沿线国家的联系在各国之间差距也较大，但比国别合作度指数衡量的差距要小。与中国联系不太紧密的国家为不丹、叙利亚、也门、巴勒斯坦，与国别合作度指数反映的结果较为一致。

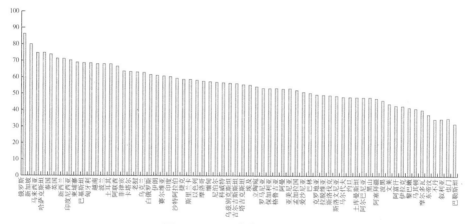

图5-2　五通指数（2018）

资料来源：全球首份2018"一带一路"沿线国家"五通指数"报告发布［EB/OL］. http: //ocean. pku. edu. cn/info/1165/3077. htm.

（三）财新智库发布的"一带一路"总指数

财新智库的"一带一路"总指数从实物贸易、资本流通、双边关系、跨国企业发展和人口流动五个方面综合测度中国与"一带一路"沿线国家互动联系的紧密程度。该指数以100为荣枯线，大于100表示中国与"一带一路"沿线国家联系比以前紧密，小于100表示中国与"一带一路"沿线国家联系不如以前紧密。"一带一路"总指数如图5-3所示。可以看出，中国与"一带一路"国家联系的紧密程度在2017年9月—2018年6月、2018年11月—

2019 年 10 月都高于以往,其他时期则低于以往,尤其是 2019 年 12 月以来,受新冠肺炎疫情影响,中国与"一带一路"沿线国家联系的紧密程度不断下降,但是 2020 年 6 月"一带一路"总指数开始出现回升。

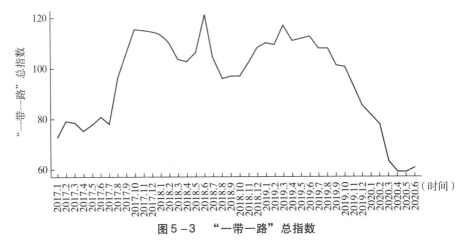

图 5 - 3 "一带一路"总指数

资料来源:财新智库.《"一带一路"指数》报告(2019.2)、《"一带一路"指数》报告(2020.8)。

图 5 - 3 展示了"一带一路"中"五通"建设的总体情况,从时间趋势看,中国与"一带一路"沿线国家的联系程度呈现出较大波动,尤其是新冠肺炎疫情以来受到负面影响较大。从空间角度看,各国与中国联系的紧密程度有较大差异,且与中国联系最紧密的和最不紧密的"一带一路"沿线国家比较稳定。这就说明,中国与"一带一路"沿线国家的联系呈现不平衡状态,增强中国与"一带一路"沿线国家的联系并非朝夕之事,还需要中国与各方的继续努力。

下面将分别从政策沟通、设施联通、贸易畅通、资金融通、民心相通五个方面介绍"五通"建设的现状、"五通"建设目前存在的问题以及如何通过"五通"建设缓解世界市场失灵问题的对策建议。

二、 "五通"状况及其对缓解世界市场失灵的贡献

（一）政策沟通

政策沟通是"五通"建设的重要机制保障。中国与"一带一路"沿线国家进行的政策沟通活动涉及"五通"建设的其他四个方面，即设施联通、贸易畅通、资金融通、民心相同，为这四个方面提供了重要基础。

中国与"一带一路"沿线国家一直保持着比较频繁和密切的政策沟通（2018—2020 年 8 月中国与"一带一路"国家的主要政策沟通事件汇总见附录），涉及基础设施、贸易金融、人员往来、技术合作、抗疫、防灾减灾、海洋治理、应对气候变化等多个方面。中国与"一带一路"沿线国家进行的这些政策沟通行为对于缓解世界市场失灵问题能够起到关键作用：

首先，政策沟通能够降低各国之间信息不对称的程度。信息的作用很大程度上就在于其能够减少经济主体的决策风险和失误，从而提升其预期收益。[①] 由信息不对称导致的逆向选择问题、道德风险问题以及委托－代理问题都会使正常的市场机制难以发挥应有的作用，导致价格的信号作用减弱，产生市场扭曲，给生产者和消费者都带来不同程度的成本。而中国与"一带一路"沿线国家的政策沟通行为能够增强各国政府之间的互信，为各国参与国际贸易的市场主体提供更加充分的用于辅助决策的信息，从而降低其决策风险，提升预期收益。

其次，政策沟通能够有效减少负外部性问题。世界各国是不可分割的命运共同体，这一点在抗疫、防灾减灾、海洋治理、应对气候变化等方面体现得尤为明显。例如在应对气候变化方面，如果一国不实行节能减排措施，其对环境造成的损害就需要其他国家承担，导致负外部性凸显。而政策沟通恰恰能够促进各国政府加强合作，防止出现这种情况。

如上所述，政策沟通能够有效缓解由信息不对称和负外部性引起的各国

---

① 高鸿业 . 西方经济学（微观部分）（第四版）［M］. 北京：中国人民大学出版社，2007.

之间政策协调失灵问题，下文通过回顾政策沟通的现状、分析政策沟通现存的问题，针对如何进一步促进政策沟通以最大限度地发挥其缓解世界市场失灵问题的作用提出相应的政策建议。

1. 政策沟通的现状

关于政策沟通的总体情况，目前可用三种方法来描述：一是国家信息中心发布的国别合作度指数中涉及政策沟通的部分；二是北京大学发布的"五通"指数中涉及政策沟通的部分；三是中国一带一路网对中国与"一带一路"沿线国家政策沟通活动进行的统计。

（1）国家信息中心发布的国别合作度指数中涉及政策沟通的部分

由国家信息中心发布的《"一带一路"大数据报告（2018）》报告了政策沟通度指标排名前 20 的国家名单，如表 5-3 所示。可以看出，俄罗斯、柬埔寨、巴基斯坦等国与中国政策沟通度最高。

表 5-3　2018 年"国别合作度"指数中的政策沟通度指标（排名前 20 国家）

排名	国家/地区	政策沟通度	排名	国家/地区	政策沟通度
1	俄罗斯	18.0	11	新加坡	14.9
2	柬埔寨	17.3	12	埃及	14.6
3	巴基斯坦	17.0	13	白俄罗斯	14.6
4	韩国	16.3	14	哈萨克斯坦	14.6
5	老挝	16.3	15	吉尔吉斯斯坦	14.6
6	越南	16.3	16	捷克	14.6
7	菲律宾	15.3	17	马来西亚	14.6
8	缅甸	15.3	18	塞尔维亚	14.6
9	沙特阿拉伯	15.3	19	塔吉克斯坦	14.6
10	斯里兰卡	15.0	20	乌兹别克斯坦	14.6

资料来源：国家信息中心"一带一路"大数据中心．"一带一路"大数据报告（2018）［M］．北京：商务印书馆，2018．

（2）北京大学发布的"五通"指数中涉及政策沟通的部分

北京大学发布的《2018"一带一路"沿线国家"五通指数"报告》公布了政策沟通子指标得分，如表 5-4 所示。其中俄罗斯、新加坡、马来西亚排名最前。

表 5-4 "五通指数"中的政策沟通指标得分

排名	国家/地区	政策沟通	排名	国家/地区	政策沟通
1	俄罗斯	18.07	34	塔吉克斯坦	12.23
2	新加坡	13.18	35	埃及	11.15
3	马来西亚	12.02	36	立陶宛	11.85
4	哈萨克斯坦	17.00	37	罗马尼亚	11.45
5	泰国	13.74	38	保加利亚	12.48
6	英国	15.68	39	格鲁吉亚	10.76
7	新西兰	12.60	40	阿曼	13.17
8	印度尼西亚	11.69	41	亚美尼亚	10.37
9	柬埔寨	17.97	42	孟加拉国	9.93
10	巴基斯坦	16.92	43	爱沙尼亚	12.11
11	匈牙利	16.55	44	巴林	6.35
12	越南	12.88	45	克罗地亚	12.70
13	波兰	16.01	46	拉脱维亚	11.56
14	土耳其	12.32	47	斯洛伐克	11.92
15	阿联酋	10.76	48	斯洛文尼亚	12.96
16	菲律宾	11.79	49	马尔代夫	11.39
17	卡塔尔	11.65	50	约旦	7.48
18	老挝	16.32	51	土库曼斯坦	11.97
19	乌克兰	12.09	52	阿尔巴尼亚	10.89
20	白俄罗斯	15.84	53	黑山	12.54
21	伊朗	11.38	54	阿塞拜疆	9.17
22	塞尔维亚	17.24	55	波黑	11.60
23	印度	6.47	56	文莱	5.43
24	沙特阿拉伯	10.69	57	阿富汗	11.11
25	捷克	15.57	58	伊拉克	6.14
26	斯里兰卡	11.84	59	黎巴嫩	8.74
27	以色列	7.59	60	马其顿	11.01
28	摩洛哥	10.66	61	摩尔多瓦	9.51
29	缅甸	12.57	62	东帝汶	8.83
30	尼泊尔	12.23	63	不丹	3.60
31	科威特	12.19	64	叙利亚	5.99
32	乌兹别克斯坦	14.92	65	也门	4.80
33	吉尔吉斯斯坦	15.04	66	巴勒斯坦	4.80

资料来源：全球首份 2018 "一带一路"沿线国家"五通指数"报告发布［EB/OL］. http：//ocean. pku. edu. cn/info/1165/3077. htm.

（3）中国一带一路网对中国与"一带一路"沿线国家政策沟通活动的统计

据中国一带一路网的信息，截至2020年9月底，中国一带一路网各国概况中列示的同中国签订"一带一路"合作文件的国家已有144个，包括基里巴斯、尼日尔、科摩罗、贝宁、莱索托、所罗门群岛、马里、赤道几内亚、利比里亚、秘鲁、塞浦路斯、牙买加、卢森堡、意大利、古巴、巴巴多斯、瓦努阿图、汤加、库克群岛、厄瓜多尔、葡萄牙、斐济、密克罗尼西亚联邦、马耳他、萨尔瓦多、多米尼加、智利、萨摩亚、苏里南、格林纳达、委内瑞拉、多哥、冈比亚、乌干达、佛得角、布隆迪、坦桑尼亚、津巴布韦、刚果（布）、乍得、尼日利亚、肯尼亚、安哥拉、纳米比亚、加蓬、莫桑比克、赞比亚、加纳、塞舌尔、南苏丹、喀麦隆、塞拉利昂、科特迪瓦、阿尔及利亚、哥斯达黎加、吉布提、毛里塔尼亚、几内亚、索马里、希腊、乌拉圭、纽埃、多米尼克、圭亚那、卢旺达、塞内加尔、突尼斯、利比亚、巴布亚新几内亚、玻利维亚、安提瓜和巴布达、特立尼达和多巴哥、奥地利、马达加斯加、巴拿马、摩洛哥、埃塞俄比亚、苏丹、新西兰、波黑、黑山、土库曼斯坦、立陶宛、拉脱维亚、巴勒斯坦、阿尔巴尼亚、阿富汗、爱沙尼亚、巴基斯坦、斯洛文尼亚、克罗地亚、黎巴嫩、阿曼、巴林、也门、埃及、约旦、叙利亚、印度尼西亚、菲律宾、缅甸、文莱、东帝汶、不丹、阿联酋、泰国、越南、新加坡、以色列、阿塞拜疆、亚美尼亚、捷克、孟加拉国、白俄罗斯、柬埔寨、格鲁吉亚、匈牙利、伊拉克、伊朗、吉尔吉斯斯坦、老挝、哈萨克斯坦、卡塔尔、科威特、摩尔多瓦、马尔代夫、马来西亚、北马其顿、蒙古国、尼泊尔、波兰、保加利亚、罗马尼亚、塞尔维亚、沙特阿拉伯、斯洛伐克、塔吉克斯坦、俄罗斯、南非、斯里兰卡、韩国、土耳其、乌克兰、乌兹别克斯坦。

2. 政策沟通存在的问题

虽然中国与"一带一路"国家的政策沟通不断发展和深化，但目前依然存在一些突出问题，影响着市场机制的发挥，使得市场失灵问题凸显，具体如下：

从整体发展水平来看，中国与"一带一路"沿线国家的政治互信有待进一步加强。政策沟通整体水平不高意味着"一带一路"沿线国家进行贸易时信息不对称和不完全现象依然要面临，各国在应对全球性问题时可能还存在负外部性溢出问题。受到"中国威胁论"的影响，一些国家对"一带一路"倡议依然存在防范心理。如在意识形态上对中国有偏见，误解"一带一路"倡议：认为中国在"一带一路"沿线国家进行贸易畅通建设是为了输出自身落后产能，将风险转移给这些国家，并对这些国家进行商品倾销；资金融通建设是为了使本币人民币国际化，攫取沿线国家财富；民心相通则是为了文化渗透；政策沟通和设施联通是为给上述三方面提供服务才展开的；总之最后都是为了中国在区域范围及进一步的世界范围内建立霸权。此外，一些国家还担心中国移民增加会影响当地居民就业。信任是贸易的基础。政策沟通方面存在的上述问题会使中国与"一带一路"沿线国家之间出现信息不对称，降低双方从贸易中获利的可能性，减少贸易活动，这样就会导致中国的"一带一路"倡议实施效果低于预期。

从不同国家的具体情况来看，中国与各"一带一路"沿线国家的政策沟通发展水平参差不齐，这同样影响市场机制的有效发挥。一些"一带一路"沿线国家自身政治不稳定性较强，或恐怖主义活动盛行，或处于战争状态，如叙利亚、黎巴嫩、伊拉克、阿富汗、摩尔多瓦等，2020年9月27日亚美尼亚和阿塞拜疆爆发大规模军事冲突，加剧了地区不稳定性，导致与这些国家进行政策沟通难度非常大。另一些"一带一路"沿线国家过去与中国存在领土争端，如南海争端涉及越南、菲律宾、马来西亚、印尼等国，沙特阿拉伯、卡塔尔在叙利亚和伊朗问题上与中国存在分歧，土耳其与中国在"东突"问题上存在问题，这些国家对中国防范警惕性较强，与其进行政策沟通难度也较大。还有一些国家已有自身战略布局或传统势力范围，和中国的"一带一路"倡议有重合或冲突之处，因此与这些国家进行政策沟通也面临一些困难，如俄罗斯主导的"欧亚经济联盟"就与"一带一路"倡议存在重合之处，所以俄罗斯在与中国合作建立自由贸易区问题上一开始并不积极；俄罗斯认为中亚是其传统势力范围，印度则在南亚地区影响力很大，"一带一路"倡议涉及这些地区，会使俄罗斯和印度认为其势力受到威胁。

3. 以政策沟通缓解世界市场失灵的政策建议

第一，针对西方国家散布的"中国威胁论"，中国一方面应积极宣传和平发展价值观，另一方面应在实际行动中不断践行和平发展价值观，在国际社会努力树立良好形象。一些西方国家害怕中国崛起损害其自身利益，因而使用各种手段抹黑中国、压制中国崛起，散布"中国威胁论"就是他们的一种手段。这种偏见需要很长时间才能扭转，所以在与"一带一路"沿线国家进行交往时应时刻注意宣传和践行和平发展价值观，积累信任感。

第二，对不同国家，应采用不同的政策沟通策略。对处于政治不稳定状态、战乱状态或恐怖主义问题严重状态的国家，应先进行初步的政策沟通，可以暂缓更进一步的沟通。对与中国存在分歧或争端的国家，可暂时搁置分歧，以恰当的政策沟通谋求双方共同获利。对周边区域中的大国，应重视与其进行良好的政策沟通，比如俄罗斯、印度、哈萨克斯坦、土耳其、沙特阿拉伯都为我国周边区域中影响力强大的大国，这些国家对"一带一路"的参与度和态度至关重要。

(二) 设施联通

设施联通为"五通建设"提供了重要的硬件保障。铁路、公路、航空、海运基础设施的设立提高了货物贸易效率，方便人员跨境流动，有效促进了贸易畅通和民心相同；能源基础设施的完善则为能源贸易提供了便利条件，也对贸易畅通起到极大的积极作用；通信基础设施及金融交易基础设施的设立则大大提升了金融服务的质量和效率，促进了资金融通。

中国与"一带一路"国家的设施联通有助于缓解世界市场失灵问题，这主要体现在设施联通能够增加公共物品的供给。市场机制只能在具备"排他性"和"竞用性"特征的私人物品或场合才适用，基础设施属于公共物品的范畴，既不具备"排他性"也不具备"竞用性"，导致消费者消费一单位公共物品的机会成本为零，因此消费者会尽量支付很少的金额，这样就容易出现"搭便车者"，消费者支付的金额不足以弥补生产公共物品的成本，因此市场本身提供的公共物品数量总是趋于少于最优数量。在公共物品领域，市场机制是失灵的。

基础设施这种公共物品在一国之内供给较少的现象，扩展到世界市场中也是成立的。"一带一路"沿线国家的基础设施普遍不足。中国与"一带一路"沿线国家的设施联通则在很大程度上弥补了这一点。以下通过介绍设施联通的现状、存在的问题以及通过设施联通进一步缓解世界市场失灵的政策建议，进行具体分析。

1. 设施联通的现状

目前用于描述设施联通状况的指标主要包括以下两种：一是国家信息中心发布的国别合作度指数中涉及设施联通的部分；二是北京大学发布的"五通"指数中涉及设施联通的部分。以下进行具体阐述。

（1）国家信息中心发布的国别合作度指数中涉及设施联通的部分

国家信息中心发布的国别合作度指数中包括设施联通度子指标，但国家信息中心发布的《"一带一路"大数据报告（2018）》中仅提供了设施联通度排名前20的国家名称列表，如表5-5所示。根据表中数据可以看出，在与中国的设施联通方面，俄罗斯、哈萨克斯坦、越南排名最前。并且设施联通度前20名的国家得分的差距就已经非常大了。

表5-5　"国别合作度"指数中的设施联通度指标（排名前20国家地区）

排名	国家/地区	设施联通度	排名	国家/地区	设施联通度
1	俄罗斯	19.02	11	新加坡	9.72
2	哈萨克斯坦	16.66	12	印度	9.34
3	越南	15.64	13	土耳其	8.72
4	缅甸	14.99	14	泰国	8.69
5	蒙古国	12.69	15	阿联酋	8.68
6	尼泊尔	12.40	16	塔吉克斯坦	8.50
7	吉尔吉斯斯坦	11.67	17	马来西亚	8.33
8	巴基斯坦	11.63	18	捷克	7.76
9	老挝	10.66	19	匈牙利	7.76
10	韩国	10.00	20	印度尼西亚	7.63

资料来源：国家信息中心"一带一路"大数据中心."一带一路"大数据报告（2018）［M］.北京：商务印书馆，2018.

（2）北京大学发布的"五通"指数中涉及设施联通的部分

北京大学发布的《2018"一带一路"沿线国家"五通指数"报告》中公布了设施联通子指标得分，如表5－6所示。其中俄罗斯、新加坡、马来西亚排名最前。哈萨克斯坦、越南排名也比较靠前。其显示结果与《"一带一路"大数据报告2018》中提供的设施联通度结果略有不同，但差异不是很大。

表5－6　"五通指数"中的设施联通指标得分

排名	国家/地区	设施联通	排名	国家/地区	设施联通
1	俄罗斯	18.52	23	印度	9.91
2	新加坡	11.72	24	沙特阿拉伯	13.43
3	马来西亚	11.57	25	捷克	12.68
4	哈萨克斯坦	12.42	26	斯里兰卡	8.73
5	泰国	10.30	27	以色列	10.83
6	英国	12.49	28	摩洛哥	7.75
7	新西兰	9.26	29	缅甸	14.02
8	印度尼西亚	9.60	30	尼泊尔	7.99
9	柬埔寨	8.62	31	科威特	11.32
10	巴基斯坦	8.61	32	乌兹别克斯坦	10.10
11	匈牙利	10.60	33	吉尔吉斯斯坦	8.05
12	越南	10.38	34	塔吉克斯坦	8.04
13	波兰	13.09	35	埃及	9.17
14	土耳其	12.79	36	立陶宛	9.18
15	阿联酋	11.48	37	罗马尼亚	8.36
16	菲律宾	9.49	38	保加利亚	9.60
17	卡塔尔	10.35	39	格鲁吉亚	9.88
18	老挝	7.83	40	阿曼	12.16
19	乌克兰	12.20	41	亚美尼亚	9.57
20	白俄罗斯	11.40	42	孟加拉国	9.29
21	伊朗	14.45	43	爱沙尼亚	11.00
22	塞尔维亚	9.55	44	巴林	10.88

排名	国家/地区	设施联通	排名	国家/地区	设施联通
45	克罗地亚	9.16	56	文莱	8.80
46	拉脱维亚	8.80	57	阿富汗	7.74
47	斯洛伐克	11.57	58	伊拉克	9.87
48	斯洛文尼亚	9.54	59	黎巴嫩	7.28
49	马尔代夫	9.12	60	马其顿	8.53
50	约旦	8.83	61	摩尔多瓦	8.72
51	土库曼斯坦	10.88	62	东帝汶	6.28
52	阿尔巴尼亚	8.88	63	不丹	6.19
53	黑山	8.41	64	叙利亚	7.14
54	阿塞拜疆	10.19	65	也门	7.14
55	波黑	7.88	66	巴勒斯坦	7.42

资料来源：全球首份 2018 "一带一路" 沿线国家 "五通指数" 报告发布 ［EB/OL］. http：//ocean. pku. edu. cn/info/1165/3077. htm.

2. 设施联通存在的问题

从整体水平来看，中国与"一带一路"沿线国家的设施联通度还有待提升。基础设施投资周期长且规模大，"一带一路"沿线国家中的发展中国家，尤其是收入水平低的发展中国家，仅依靠市场调节根本无法供给足够的基础设施，政府对于跨国基础设施的供给尤其吃力，一般的外资由于想快速获得回报，通常也不会对基础设施进行投资。在"一带一路"倡议下，多项跨国工程开工建设，设施联通程度确有提高，但由于项目周期长、规模大，未来资金缺口可能会比较大。

从不同国家的具体情况来看，各"一带一路"沿线国家与中国的设施联通度各不相同。一些国家局势不稳，使项目受阻，如缅甸就出现了针对中国投资建设的一些大型项目进行的以环保和民生为由的游行示威。另一些国家与中国的联通度历来不高，要提升其设施联通度需要大量投资和很长时间，如中东欧大部分国家处于交通"盲点区"，与中国交通基础设施联通薄弱；中国与中亚国家接壤地区多为沙漠、戈壁或高寒山区，交通基础设施修建成本非常高；等等。

在修建基础设施的过程中，中国与一些"一带一路"沿线国家的标准不一致等。如中国和俄罗斯的铁轨标准不一致。

3. 以设施联通缓解世界市场失灵的政策建议

第一，针对设施联通度需要进一步提高的问题，应综合利用多种方式筹集足够的建设资金，以保证项目顺利进行。

第二，应针对不同国家实施有针对性的措施。对于局势不稳的国家，应该提前做好调研，评估风险，备好预案，一旦遇到意外，应尽力使投资损失降到最低。针对与中国联通基础比较差的国家，则应大力投入建设设施联通，弥补以前联通不够的缺陷。

第三，针对施工建设中存在的标准不一的问题，应该建立完善的标准对接机制予以解决。

此外，在基础设施项目建设过程中，构建完善的安全保障机制非常重要。

（三）贸易畅通

贸易畅通是"五通"建设中极其重要的内容。贸易能够增进双方的福利，买者和卖者在贸易过程中以价格为信号调节供需，通过市场机制达成交易，从而使双方的境况都得到改善。但在贸易中经常会出现市场机制失灵的现象。比如在存在垄断的情况下，垄断厂商的定价使得消费者支付的价格高于生产 1 单位该产品所消耗的成本，没有达到帕累托最优状态，且存在"无谓损失"。而这些情况从一国扩展到世界市场也是成立的。这就需要各国政府相互协调，共同解决国际贸易中的市场失灵问题。而中国与"一带一路"沿线国家贸易畅通建设能够有效缓解世界市场失灵问题，主要体现在以下几个方面：

第一，贸易畅通建设重视建立双边和多边合作，重视区域一体化的发展，在双边、多边合作协议及一体化协议下，各国之间的关税减免措施、贸易便利化措施能够极大地打破贸易壁垒、降低人为市场分割产生的影响，促进区域性大市场的形成，从而做到完善市场机制、降低交易成本、提升市场效率、改善资源配置。

第二，贸易畅通建设还重视技术合作和技术贸易，有利于打破技术垄断，减少无谓损失，提升市场效率。

以下将从贸易畅通的现状、目前存在的问题，以及进一步通过贸易畅通缓解世界市场失灵的政策建议三个方面进行具体阐释。

1. 贸易畅通的现状

中国与"一带一路"沿线国家贸易畅通状况总体良好。目前用于描述贸易畅通情况的指标主要包括以下三种：一是国家信息中心发布的国别合作度指数中涉及贸易畅通的部分；二是北京大学发布的"五通"指数中涉及贸易畅通的部分；三是反映贸易畅通的各分散指标。具体介绍如下。

（1）国家信息中心发布的国别合作度指数中涉及贸易畅通的部分

表5-7展示了"国别合作度"指数中的贸易畅通度指标。可以看出，俄罗斯、印度、新加坡与中国的贸易畅通度最高，且排名前20的国家贸易畅通度差距不是很大，说明在贸易方面，中国至少与排名前20的国家关系比较均衡。

表5-7 "国别合作度"指数中的贸易畅通度指标（排名前20国家/地区）

排名	国家/地区	贸易畅通度	排名	国家/地区	贸易畅通度
1	俄罗斯	17.30	11	阿联酋	13.82
2	印度	16.00	12	巴基斯坦	13.26
3	新加坡	15.66	13	韩国	12.89
4	马来西亚	15.55	14	越南	12.70
5	印度尼西亚	15.52	15	柬埔寨	12.65
6	哈萨克斯坦	15.05	16	菲律宾	12.19
7	泰国	15.03	17	伊朗	12.02
8	伊拉克	14.68	18	南非	11.83
9	沙特阿拉伯	14.56	19	新西兰	11.77
10	土耳其	14.48	20	以色列	11.56

资料来源：国家信息中心"一带一路"大数据中心."一带一路"大数据报告（2018）［M］.北京：商务印书馆，2018.

表5-8 则展示了"国别合作度"指数中的投资合作指标。根据表中数据可以看出,俄罗斯、马来西亚、新加坡与中国的投资合作关系最为紧密。排名前20 的国家投资合作度的差距并不大,说明在投资合作方面,中国与各国(至少与排名前20 的国家)关系发展得比较均衡。

表5-8 "国别合作度"指数中的投资合作指标(排名前20 国家/地区)

排名	国家/地区	投资合作指标	排名	国家/地区	投资合作指标
1	俄罗斯	10.80	11	哈萨克斯坦	9.45
2	马来西亚	10.65	12	沙特阿拉伯	9.30
3	新加坡	10.50	13	土耳其	9.15
4	印度	10.20	14	缅甸	9.00
5	巴基斯坦	10.20	15	老挝	8.60
6	阿联酋	10.05	16	埃及	8.55
7	泰国	10.05	17	以色列	7.80
8	印度尼西亚	9.90	18	韩国	7.70
9	柬埔寨	9.75	19	科威特	7.50
10	伊拉克	9.60	20	新西兰	7.50

资料来源:国家信息中心"一带一路"大数据中心."一带一路"大数据报告(2018)[M].北京:商务印书馆,2018.

(2)北京大学发布的"五通"指数中涉及贸易畅通的部分

表5-9 展示了北京大学发布的"五通指数"中的贸易畅通指标得分。根据表中数据可以看出,俄罗斯、新加坡、马来西亚与中国的贸易联系最为紧密,这与"国别合作度"指数中的相关指标得到的结果比较一致。

表5-9 "五通指数"中的贸易畅通指标得分

排名	国家/地区	贸易畅通	排名	国家/地区	贸易畅通
1	俄罗斯	15.47	5	泰国	14.57
2	新加坡	19.83	6	英国	14.32
3	马来西亚	18.40	7	新西兰	16.50
4	哈萨克斯坦	15.78	8	印度尼西亚	14.18

续表

排名	国家/地区	贸易畅通	排名	国家/地区	贸易畅通
9	柬埔寨	14. 32	38	保加利亚	12. 32
10	巴基斯坦	13. 35	39	格鲁吉亚	13. 62
11	匈牙利	12. 69	40	阿曼	13. 00
12	越南	14. 60	41	亚美尼亚	10. 96
13	波兰	13. 61	42	孟加拉国	13. 35
14	土耳其	12. 75	43	爱沙尼亚	11. 34
15	阿联酋	13. 89	44	巴林	12. 60
16	菲律宾	14. 59	45	克罗地亚	10. 18
17	卡塔尔	15. 38	46	拉脱维亚	11. 60
18	老挝	13. 02	47	斯洛伐克	8. 78
19	乌克兰	10. 84	48	斯洛文尼亚	11. 12
20	白俄罗斯	10. 62	49	马尔代夫	9. 22
21	伊朗	12. 12	50	约旦	14. 26
22	塞尔维亚	12. 26	51	土库曼斯坦	10. 30
23	印度	14. 03	52	阿尔巴尼亚	10. 20
24	沙特阿拉伯	16. 30	53	黑山	12. 33
25	捷克	9. 44	54	阿塞拜疆	10. 90
26	斯里兰卡	13. 84	55	波黑	10. 12
27	以色列	14. 34	56	文莱	9. 96
28	摩洛哥	12. 16	57	阿富汗	9. 32
29	缅甸	11. 61	58	伊拉克	12. 41
30	尼泊尔	12. 21	59	黎巴嫩	10. 35
31	科威特	14. 08	60	马其顿	8. 30
32	乌兹别克斯坦	10. 99	61	摩尔多瓦	7. 72
33	吉尔吉斯斯坦	11. 83	62	东帝汶	10. 19
34	塔吉克斯坦	11. 11	63	不丹	10. 59
35	埃及	10. 67	64	叙利亚	7. 54
36	立陶宛	12. 07	65	也门	10. 67
37	罗马尼亚	13. 43	66	巴勒斯坦	6. 20

资料来源：全球首份 2018 "一带一路"沿线国家"五通指数"报告发布 [EB/OL]. http://o-cean. pku. edu. cn/info/1165/3077. htm.

（3）反映贸易畅通的各分散指标

除了以上两个反映贸易畅通的综合指数外，还有一些分散指标可以反映"一带一路"的贸易畅通发展情况。具体如下：

①海上丝路贸易指数

海上丝路贸易指数由出口贸易指数、进口贸易指数、进出口贸易指数构成，衡量中国对外经贸发展水平、反映中国对外贸易发展变化趋势。该指数以 2015 年 3 月为基期，基点为 100，每月发布。[①] 从图 5 - 4 中可以看出，中国出口贸易指数、进口贸易指数、进出口贸易指数自 2020 年 3 月以来呈现稳中有升的态势。

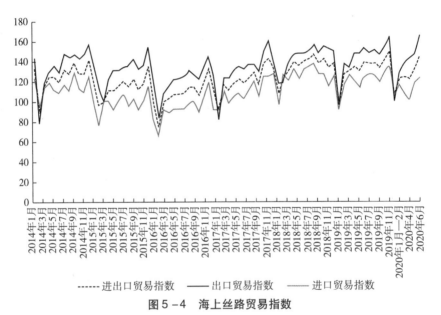

图 5 - 4　海上丝路贸易指数

资料来源：中国一带一路网．https：//www. yidaiyilu. gov. cn.

②"一带一路"航贸指数

"一带一路"航贸指数由"一带一路"贸易额指数、"一带一路"货运量指数、"海上丝绸之路"运价指数组成。指数基期为 2015 年 1 月（基期为

---

① 资料来源：中国一带一路网．https：//www. yidaiyilu. gov. cn.

100）。该指数涉及集装箱和煤炭、铁矿石、原油等大宗物资，直接反映贸易额、货运量、运输价格三者间的相互关系。① 从图 5 - 5 中可以看出，2020 年 3 月以来，一带一路货运量指数增长趋势十分明显，一带一路贸易额指数也呈上升趋势，海上丝绸之路运价指数增长则不明显。

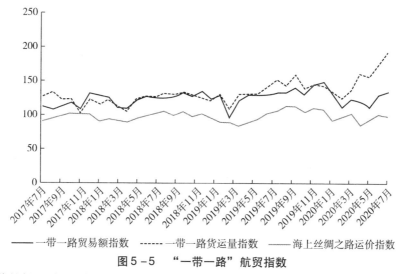

图 5 - 5　"一带一路"航贸指数

资料来源：中国一带一路网．https：//www．yidaiyilu．gov．cn．

③中国与"一带一路"沿线国家进出口贸易额

表 5 - 10 展示了 2013—2018 年中国自"一带一路"沿线国家的进口额，表 5 - 11 展示了 2013—2018 年中国向"一带一路"沿线国家的出口额。根据表中数据可以看出，从 2013 年（"一带一路"倡议提出）起，中国与"一带一路"沿线国家间的贸易额总体上持续上涨。

表 5 - 10　2013—2018 年中国从"一带一路"沿线国家进口的贸易额

单位：万美元

国家/地区	2013	2014	2015	2016	2017	2018
蒙古	350955	510209	379538	362260	516731	634411

---

① 资料来源：中国一带一路网．https：//www．yidaiyilu．gov．cn．

续表

国家/地区	2013	2014	2015	2016	2017	2018
俄罗斯	3966783	4159351	3325866	3226015	4139029	5914218
新加坡	3006452	3082873	2758076	2601425	3424962	3372777
印度尼西亚	3142426	2448525	1988619	2141404	2857431	3414978
马来西亚	6015279	5565224	5327733	4926964	5442614	6320505
泰国	3852265	3833193	3716875	3853234	4159608	4462964
越南	1689189	1990640	2983175	3717160	5037462	6395635
菲律宾	1818181	2098413	1896565	1739589	1923918	2061160
柬埔寨	36364	48291	66660	83051	100758	137666
缅甸	285687	1560128	544930	409771	452635	468434
老挝	101008	177788	154734	135961	160500	201815
文莱	8980	18972	10116	22155	35181	24751
东帝汶	40	10	73	29	157	301
印度	1697025	1635869	1336855	1176413	1634537	1883335
巴基斯坦	319684	275387	247476	191259	183322	217209
斯里兰卡	18256	24827	25852	27344	31003	32175
孟加拉国	60237	76111	81685	86940	87515	98442
尼泊尔	4325	4707	3200	2241	1785	2200
马尔代夫	42	38	18	24	62	103
不丹	1	10	35	13	18	1
阿联酋	1282353	1576336	1151403	999436	1231116	1623777
科威特	958664	1000496	749707	637028	893495	1534387
土耳其	448623	370540	294364	278542	378343	375686
卡塔尔	846335	833673	461437	401237	640027	914639
阿曼	2104061	2379586	1504742	1204102	1338328	1889851
黎巴嫩	4558	2539	1732	1767	2304	4898
沙特阿拉伯	5345071	4850803	3002105	2362602	3176187	4585438
巴林	30518	18396	11154	6372	12395	15013
以色列	318132	314064	280203	317290	420624	464116
也门	306130	293285	89814	16603	65996	71993

续表

国家/地区	2013	2014	2015	2016	2017	2018
埃及	185161	115952	91784	55321	134193	184252
伊朗	2538986	2750385	1605745	1482719	1855369	2110228
约旦	16988	26320	28752	21116	27919	21418
叙利亚	471	213	359	326	133	87
伊拉克	1798476	2076124	1267463	1066327	1381411	2249527
阿富汗	960	1737	1177	453	343	2408
巴勒斯坦	19	9	44	31	12	44
阿塞拜疆	23358	29706	22290	41208	57745	38202
格鲁吉亚	5446	5311	4379	5356	6759	5389
亚美尼亚	7314	16717	20897	28062	30268	30214
波兰	223180	293474	274195	253772	335351	364537
阿尔巴尼亚	23484	18932	12786	12860	19622	10804
爱沙尼亚	19958	22550	23496	21179	26034	24519
立陶宛	12479	15749	13879	16401	25515	33004
斯洛文尼亚	30280	33146	28951	43686	49535	59102
保加利亚	95674	98486	74831	59011	96918	114643
捷克	261492	298669	278045	295154	369571	439905
匈牙利	271515	325990	287555	346423	407722	434207
马其顿	10797	9058	13270	4671	8669	4834
塞尔维亚	18013	11274	13374	16270	21159	22387
罗马尼亚	120750	152067	129495	145522	182432	216785
斯洛伐克	345816	337608	223732	241017	258496	524563
克罗地亚	10427	10066	11179	16144	18308	21200
拉脱维亚	9916	14691	14459	13221	17724	21305
波黑	2088	3724	5373	4355	5725	7740
黑山	1614	5356	2427	3258	6640	4174
乌克兰	327287	348354	355580	249080	233964	264503
白俄罗斯	58051	73828	101082	43519	51538	57105
摩尔多瓦	1859	2479	2147	2437	3396	3839

续表

国家/地区	2013	2014	2015	2016	2017	2018
哈萨克斯坦	1605084	974182	584895	480508	637869	852661
吉尔吉斯斯坦	6235	5542	5857	7124	8706	5433
塔吉克斯坦	8875	4770	5204	3125	4674	7684
土库曼斯坦	889326	951616	782766	556330	657513	811937
乌兹别克斯坦	193809	159791	126706	160706	147145	232446

资料来源：国家统计局网站，http://www.stats.gov.cn.

此外，根据2016—2019年的《国民经济和社会发展统计公报》，2016年中国对"一带一路"沿线国家的进出口总额为62517亿元，相比2015年增长了0.5%。其中，出口额为38319亿元，增长0.5%；进口额为24198亿元，增长0.4%。2017年中国对"一带一路"沿线国家进出口总额为73745亿元，比上年增长17.8%。其中，出口额为43045亿元，增长12.1%；进口额为30700亿元，增长26.8%。2018年中国对"一带一路"沿线国家进出口总额为83657亿元，相比2017年增长13.3%。其中，出口额为46478亿元，增长7.9%；进口额为37179亿元，增长20.9%。2019年中国对"一带一路"沿线国家进出口总额达到92690亿元，相比2018年增长10.8%。其中，出口额为52585亿元，增长13.2%；进口额为40105亿元，增长7.9%。可见中国与"一带一路"沿线国家间的贸易总体处于不断增长的状态，发展态势良好。

表5-11 2013—2018年中国向"一带一路"国家出口的贸易额

单位：万美元

国家/地区	2013	2014	2015	2016	2017	2018
蒙古	244959	221638	157070	98864	123561	164489
俄罗斯	4959117	5367694	3475688	3735577	4283060	4796527
新加坡	4583187	4891117	5194244	4451167	4501930	4903663
印度尼西亚	3693049	3905961	3434197	3212613	3475739	4319141
马来西亚	4593059	4635339	4398039	3767178	4171228	4537599
泰国	3271790	3428923	3829080	3719508	3854173	4287872
越南	4858630	6373001	6601702	6110413	7161725	8387669

续表

国家/地区	2013	2014	2015	2016	2017	2018
菲律宾	1986813	2347358	2667079	2984267	3206593	3503664
柬埔寨	340951	327474	376339	393016	478320	600752
缅甸	733869	936765	965091	818868	894846	1054777
老挝	172258	183948	122576	98710	141935	145400
文莱	170378	174681	140741	51103	63759	159195
东帝汶	4739	6034	10453	16432	13260	13239
印度	4843241	5421742	5822803	5841534	6804225	7667566
巴基斯坦	1101960	1324448	1644189	1723446	1825079	1693332
斯里兰卡	343655	379280	430405	428833	408800	425505
孟加拉国	970509	1178227	1389471	1430223	1516902	1775306
尼泊尔	221089	228358	83271	86627	96696	107737
马尔代夫	9741	10399	17265	32094	29563	39617
不丹	1741	1112	812	485	624	1283
阿联酋	3341130	3903451	3702016	3007253	2872397	2965125
科威特	267551	342872	377267	300179	311277	331265
土耳其	1774699	1930546	1860784	1668951	1812151	1778860
卡塔尔	171091	225401	227564	151637	168233	248241
阿曼	190084	206538	211639	214809	231645	286461
黎巴嫩	249083	260486	228553	210071	201061	196928
沙特阿拉伯	1873981	2057524	2161293	1865528	1837501	1742804
巴林	123893	123178	101185	79080	90252	113552
以色列	764530	773911	861595	818106	891847	927442
也门	213882	220131	142997	169241	164304	187461
埃及	836268	1046051	1195858	1043728	948564	1198721
伊朗	1403665	2433849	1777011	1641866	1858482	1393973
约旦	343456	336453	342440	295483	280361	296949
叙利亚	69015	98437	102257	91535	110281	127277
伊拉克	689409	774384	790923	754818	833042	790332
阿富汗	32826	39356	36182	43129	54121	66759

续表

国家/地区	2013	2014	2015	2016	2017	2018
巴勒斯坦	9068	7551	6925	5931	6906	7336
阿塞拜疆	86857	64525	43915	34600	38697	51593
格鲁吉亚	86209	90868	76868	74544	91262	109554
亚美尼亚	11985	12281	11240	11119	14385	21318
波兰	1257488	1425680	1434487	1510002	1787305	2087621
阿尔巴尼亚	32460	37827	43019	50672	45403	53991
爱沙尼亚	110982	114610	95329	96417	100635	103151
立陶宛	168618	165829	121090	129167	160027	176296
斯洛文尼亚	183281	199194	209174	227026	288693	442423
保加利亚	111698	117806	104326	105654	116905	144025
捷克	683780	799290	822613	806175	879297	1190958
匈牙利	569228	576417	519745	542517	604935	654021
马其顿	6348	7666	8653	9014	7804	10574
塞尔维亚	43191	42456	41510	43224	54564	72830
罗马尼亚	282254	322318	316224	344872	377796	450711
斯洛伐克	308444	282850	279447	286234	272948	253585
克罗地亚	138994	102733	98556	101724	115964	132716
拉脱维亚	137427	131670	102251	106272	114824	116609
波黑	9133	28398	5998	6413	7882	10972
黑山	8638	15707	13415	10835	13246	17810
乌克兰	784923	510623	351571	422023	504065	701850
白俄罗斯	87216	111059	74890	109017	93336	114159
摩尔多瓦	11263	11520	9996	7681	9792	10870
希腊	321898	418561	366498	420269	475138	649832
哈萨克斯坦	1254512	1270985	844124	829259	1156444	1135153
吉尔吉斯斯坦	507535	524252	428212	560546	533681	555679
塔吉克斯坦	186936	246824	179539	172510	130138	142908
土库曼斯坦	113764	95428	81547	33848	36812	31693
乌兹别克斯坦	261336	267821	222876	200755	274942	394473

资料来源：国家统计局网站，http：//www.stats.gov.cn.

④中国与"一带一路"沿线国家间直接投资情况

表 5-12 展示了 2013—2018 年中国实际利用的"一带一路"沿线国家外商直接投资金额。根据表中数据可以看出，各国对中国的直接投资情况差异较大。根据 2016—2019 年的《国民经济和社会发展统计公报》数据显示，2016 年"一带一路"沿线国家对中国直接投资新设立企业数为 2905，相比上年增长 34.1%；对中国直接投资金额为 71 亿美元。2017 年，"一带一路"沿线国家对中国直接投资新设立企业数量为 3857，相比上年增长 32.8%；对中国直接投资金额为 56 亿美元。2018 年"一带一路"沿线国家对中国直接投资新设立企业数量为 4479，相比上年增长 16.1%；对中国直接投资金额为 64 亿美元，相比上年增长 16.0%。2019 年，"一带一路"沿线国家对中国直接投资新设立企业数量为 5591，相比上年增长 24.8%；对中国直接投资金额为 84 亿美元，相比上年增长 30.6%。可见，"一带一路"沿线国家对华直接投资呈不断增长趋势。

表 5-12　2013—2018 年中国实际利用"一带一路"国家外商直接投资额

单位：万美元

国家/地区	2013	2014	2015	2016	2017	2018
蒙古	207	16	—	—	308	41
俄罗斯	2208	4088	1312	7343	2384	5677
新加坡	722872	582668	690407	604668	476318	521021
印度尼西亚	12623	7802	10754	6399	4076	3246
马来西亚	28053	15749	48048	22113	10836	21162
泰国	48305	6052	4438	5615	11023	4574
越南	—	7	—	—	353	13883
菲律宾	6726	9707	3867	7760	500	4986
柬埔寨	2251	312	1000	—	1505	199
缅甸	585	585	—	2	170	822
老挝	—	—	—	—	1082	51
文莱	13319	7094	7258	6567	2573	1872
印度	2705	5075	8080	5181	15772	4754

续表

国家/地区	2013	2014	2015	2016	2017	2018
巴基斯坦	1805	2323	65	65	99	67
斯里兰卡	—	—	3	20	22	—
孟加拉国	27	15	24	7	10	7
尼泊尔	11	22	—	—	1	15
阿联酋	4381	2855	3899	3933	1357	2568
科威特	69	694	220	152	1474	443
土耳其	4004	1272	2701	3205	674	87
卡塔尔	1771	—	90	—	—	5
阿曼	—	—	—	6	599	—
黎巴嫩	199	91	1114	160	19	167
沙特阿拉伯	5851	3061	27774	1345	1493	8694
巴林	—	15	—	—	30	—
以色列	1365	1342	523	5008	773	1131
也门	90	94	249	251	33	1536
埃及	567	209	126	50	269	75
伊朗	325	380	246	382	—	10
约旦	125	116	5	155	19	394
叙利亚	248	173	55	105	934	898
伊拉克	101	16	102	223	182	36
阿富汗	558	100	50	35	73	233
巴勒斯坦	3	70	—	8	73	—
亚美尼亚	1012	5	2	—	—	3
波兰	155	219	8277	585	289	247
爱沙尼亚	—	8	7	—	—	—
立陶宛	8	—	22	1554	2372	20
斯洛文尼亚	86	6	3	55	37	421
保加利亚	165	219	14	133	9	66
捷克	1099	3371	1627	1148	797	421
匈牙利	311	45	317	325	148	131

续表

国家/地区	2013	2014	2015	2016	2017	2018
罗马尼亚	135	21	—	204	711	272
斯洛伐克	845	360	1071	66	44	2877
克罗地亚	21	2	10	37	—	615
拉脱维亚	—	2		10		4
乌克兰	552	38	50	172	2707	80
白俄罗斯	19	4	—	4	824	1820
希腊	158	147	7	9	85	126
哈萨克斯坦	363	3655	953	275	561	1968
塔吉克斯坦	—	—	—		2	
乌兹别克斯坦	5	37	—	3	—	

注："—"表示数据缺失。

资料来源：国家统计局网站，http：//www.stats.gov.cn.

表 5-13 展示了 2013—2018 年中国对部分"一带一路"沿线国家的直接投资净额。根据表中数据可以看出，中国对新加坡的直接投资规模最大，其次是印度尼西亚、越南和韩国。根据 2015—2019 年的《国民经济和社会发展统计公报》内容显示，2015 年中国对"一带一路"沿线国家对外直接投资额达 148 亿美元，增长 18.2%。2016 年，中国对"一带一路"沿线国家直接投资额达 145 亿美元。2017 年，中国对"一带一路"沿线国家直接投资额达 144 亿美元。2018 年，中国对"一带一路"沿线国家非金融类直接投资额达 156 亿美元，相比上年增长 8.9%。2019 年，中国对"一带一路"沿线国家非金融类直接投资额为 150 亿美元，相比 2018 年下降了 3.8%。由此可以看出，中国对"一带一路"沿线国家的直接投资存在波动。

表 5-13　2013—2018 年中国对"一带一路"沿线国家直接投资净额

单位：万美元

国家/地区	2013	2014	2015	2016	2017	2018
新加坡	203267	281363	1045248	317186	631990	641126
印度尼西亚	156338	127198	145057	146088	168225	186482

续表

国家/地区	2013	2014	2015	2016	2017	2018
越南	48050	33289	56017	127904	76440	115083
韩国	26875	54887	132455	114837	66080	103366
泰国	75519	83946	40724	112169	105759	73729
南非	- 8919	4209	23317	84322	31736	64206
阿尔及利亚	19130	66571	21057	- 9989	- 14053	17865
新西兰	19040	25002	34809	90585	59661	25746
马达加斯加	1551	3676	3384	- 655	7120	5560

注：限于数据可得性，只能提供以上"一带一路"沿线国家的数据。
资料来源：国家统计局网站．http：//www. stats. gov. cn.

⑤中国对"一带一路"沿线国家的对外承包工程营业额

根据 2016—2019 年的《国民经济和社会发展统计公报》内容显示，在对外承包工程方面，2016 年中国对"一带一路"沿线国家完成营业额 760 亿美元，相比 2015 年增长 9.7%，占对外承包工程业务完成营业额的比例为 47.7%。2017 年中国对"一带一路"沿线国家完成营业额 855 亿美元，相比 2016 年增长了 12.6%，占对外承包工程业务完成营业额的比例为 50.7%。2018 年中国对"一带一路"沿线国家完成营业额 980 亿美元，相比 2017 年增长了 9.7%，占对外承包工程完成营业额的比例为 56.7%。2019 年中国对"一带一路"沿线国家完成营业额 893 亿美元，相比 2018 年增长了 4.4%，占对外承包工程完成营业额的比例为 52.8%。表 5 - 14 展示了 2013—2018 年中国对各个"一带一路"国家的对外承包工程营业额。可以看出，虽然各国情况各异，但总体来说，中国对"一带一路"国家的对外承包工程营业额是不断上涨的。

2. 贸易畅通现存的问题

从整体水平来看，贸易畅通整体水平有待进一步提高。当今世界经济增速放缓，全球贸易保护主义抬头，这也影响到"一带一路"沿线国家的贸易政策。如中国与一些国家跨境贸易便利化水平低，通关时间长、费用高、效率低，非关税壁垒严重。世界银行 doing buseness 2020 报告对 190 个国家或地

表5-14　中国对"一带一路"国家的对外承包工程营业额

单位：万美元

国家/地区	2013	2014	2015	2016	2017	2018
蒙古	107163	114102	93484	74583	106814	75721
俄罗斯	137161	115501	171440	148599	199234	234979
新加坡	280991	337607	354079	375551	343707	258199
印度尼西亚	471874	458443	481528	408870	556185	609652
马来西亚	253013	310112	356227	474809	814615	796480
泰国	131931	183624	281007	293579	338380	335596
越南	359283	398439	352317	332394	287860	280167
菲律宾	124668	134928	204150	166180	188546	197248
柬埔寨	143077	96533	121396	165598	176373	180102
缅甸	126126	81856	189471	191713	161406	116942
老挝	196887	232773	321606	294729	422894	526468
文莱	8766	3822	8653	54793	71016	137187
东帝汶	11463	2824	5315	23805	35519	35290
印度	528189	253595	267458	182435	246496	231541
巴基斯坦	370093	424619	516289	726809	1133799	1127117
斯里兰卡	209186	219139	136871	147677	225245	237954
孟加拉国	87710	177854	175184	191623	314660	432206
尼泊尔	49932	27283	25302	22279	29860	45701
马尔代夫	1957	6866	14380	24705	41467	63923
阿联酋	133959	115007	153943	224637	249594	361485
科威特	104947	140063	128114	151314	196352	273392
土耳其	194266	180958	133887	214547	120443	66728
卡塔尔	166010	156402	136173	119875	103368	72739
阿曼	24229	30408	44939	80646	82085	87897
黎巴嫩	10206	935	721	13	6371	79
沙特阿拉伯	588411	594713	701812	948175	634381	521763
巴林	533	265	27	814	2198	724
以色列	4934	9535	15238	23162	113073	110789
也门	10544	10485	3354	1591	1457	1134
埃及	102806	92402	201777	228114	154179	204560

续表

国家/地区	2013	2014	2015	2016	2017	2018
伊朗	218133	222979	159048	224689	205025	231551
约旦	4216	1661	8459	3813	66940	65199
叙利亚	1418	941	1634	254	62	766
伊拉克	338070	489810	397661`	345464	273809	255713
阿富汗	43242	1630	1133	4058	5073	4764
阿塞拜疆	20341	12947	7592	1392	2363	4253
格鲁吉亚	21226	19323	19049	10918	38840	27792
亚美尼亚	157	857		1750	5226	5903
波兰	3484	12952	5037	5814	966	6267
阿尔巴尼亚	50	616	—	896	182	266
爱沙尼亚	—	—	—	—	—	9
立陶宛	—	—	—	287	1063	—
斯洛文尼亚	37	76	194	688	826	640
保加利亚	20679	20894	8537	7758	3997	4984
捷克	4730	4618	7754	5698	6003	5739
匈牙利	3272	3693	4650	3883	3390	3881
马其顿	287	16515	36906	20958	14071	10758
塞尔维亚	7975	23525	19801	17889	36897	34508
罗马尼亚	18722	16331	14794	18457	9322	8218
斯洛伐克	—	—	—	—	201	166
乌克兰	30865	16937	31375	28915	35320	57612
白俄罗斯	164638	117515	98955	109905	66747	99603
摩尔多瓦	528	16	—	—	11	67
希腊	18018	3345	7632	29930	15973	19572
哈萨克斯坦	291714	235768	234700	275779	223838	221357
吉尔吉斯斯坦	71188	58736	54857	55663	47998	21049
塔吉克斯坦	44456	40931	64377	70787	19042	30848
土库曼斯坦	209852	124000	68921	31916	25264	27398
乌兹别克斯坦	70579	49772	61241	49111	50320	105564

资料来源:国家统计局网站.http://www.stats.gov.cn.

区的跨境贸易便利化水平进行了排名，不少"一带一路"沿线国家排名比较靠后，如也门排187位，阿富汗排173位，伊拉克排172位，孟加拉国排168位，缅甸排165位，等等。

从不同国家的具体情况来看，贸易畅通存在区域不平衡问题，中国与各"一带一路"国家进行贸易面临的问题也各不相同，如中国与中亚国家在海关、检验检疫方面的合作机制尚不健全。中国与东南亚国家出口商品相似性较大，在一些领域竞争大于合作。中国对一些"一带一路"沿线国家常年保持贸易顺差，且中国多出口劳动密集型产品，因此易招致进口国不满甚至受到反倾销调查。如伊朗遭受国际制裁，因而与中国贸易困难较多。

目前中国与一些国家贸易品种单一，产品附加值低，在国际分工中的地位有待提升。

此外，西亚北非各国由于经济不景气，纷纷推出雇员本地化政策，因而中国与这些国家的劳务合作会受到一定影响。

3. 以贸易畅通缓解世界市场失灵的政策建议

以上问题均严重影响了贸易畅通缓解世界市场失灵作用的发挥，应采取相应对策：

一是建立和完善贸易及投资争端解决机制。面临贸易保护主义的抬头和"一带一路"沿线国家出现的非贸易壁垒，中国应通过合理、合法的争端解决机制来解决。在这方面中国已有初步成果，但仍需进一步努力。

二是在产业布局方面，中国可将适合某些"一带一路"沿线国家的产业转移至当地，这样既可以解决中国与"一带一路"沿线国家出口品相似从而形成竞争的问题，也可以解决沿线国家经济密度不足，只有过境运输，因获益有限而参与度低的问题。

三是应避免国内企业恶性竞争，要重视发挥行业协会的作用。

上述政策能够通过提升贸易畅通的水平，从而提升通过贸易畅通缓解世界市场失灵的程度。

（四）资金融通

资金融通是"五通"建设中十分重要的内容。在当今世界，金融资源对于经济发展以及生产力提升的重要性越来越强。在当今国际货币体系和国际金融条件下，美元是国际货币，也是国际贸易结算和各国进行国际资金融通所采用的主要货币，因此，主要金融资源就自然而然地为美国及美国大型金融机构所垄断。在这种金融垄断的条件下，金融资源配置效率低下、金融市场无谓损失的存在成为各国不得不面对的重要问题。要打破国际金融市场上个别主体的金融垄断，还需要各国共同努力。中国与"一带一路"国家进行资金融通建设可以在一定程度上缓解国际金融市场上的金融垄断问题，提升金融市场效率，缓解世界市场失灵的问题，这主要体现在：亚洲基础设施投资银行（亚投行）的建设和人民币国际化推进了打破国际金融垄断的进程。亚投行是首个由中国倡议设立的多边金融机构，虽然目前融资和贷款都以美元计价，但后续可能会使用人民币在跨国大型基础设施建设项目中作为计价货币，推动人民币在亚洲及其他地区的使用。中国可积极推进与其他国家进行人民币货币互换、人民币贸易结算等，这样就有利于弱化美元的世界货币地位，打破当今主要金融资源都为发达国家尤其是美国所垄断的现实情况。

下面将从资金融通的现状、现存的问题，以及以资金融通缓解世界市场失灵的政策建议着手，进行具体分析。

1. 资金融通的现状

资金融通建设自2013年"一带一路"倡议提出以来不断发展。目前用于反映资金融通建设状况的指标主要包括：国家信息中心发布的国别合作度指数中涉及资金融通的部分；北京大学发布的"五通"指数中涉及资金融通的部分；资金融通建设的其他情况，即亚投行的发展情况以及人民币国际化情况。具体分析如下。

（1）国家信息中心发布的国别合作度指数中关于资金融通的部分

国家信息中心"一带一路"大数据中心发布的《"一带一路"大数据报告（2018）》仅报告了资金融通度排名前20的国家（见表5-15），根据表中数据可以看出，俄罗斯、马来西亚、阿联酋在资金融通方面与中国的联系最为密切。从得分的分布来看，各国情况差距较大。

表5-15 "国别合作度"指数中的资金融通度指标（排名前20国家/地区）

排名	国家/地区	资金融通度	排名	国家/地区	资金融通度
1	俄罗斯	20	11	新西兰	17
2	马来西亚	20	12	越南	17
3	阿联酋	19	13	柬埔寨	16
4	巴基斯坦	19	14	卡塔尔	16
5	哈萨克斯坦	18	15	老挝	16
6	韩国	18	16	土耳其	16
7	泰国	18	17	吉尔吉斯斯坦	15
8	新加坡	18	18	匈牙利	15
9	印度尼西亚	18	19	波兰	14
10	蒙古国	17	20	菲律宾	13

资料来源：国家信息中心"一带一路"大数据中心."一带一路"大数据报告2018［M］. 北京：商务印书馆，2018.

（2）北京大学发布的"五通"指数中涉及资金融通的部分

从"五通"指数中资金融通的得分来看（见表5-16），俄罗斯、新加坡、马来西亚排名最为靠前。巴勒斯坦、也门、叙利亚的得分最低。各国之间的情况差距较大。

表5-16 "五通"指数中涉及资金融通的部分

排名	国家/地区	资金融通	排名	国家/地区	资金融通
1	俄罗斯	16.11	8	印度尼西亚	18.13
2	新加坡	18.86	9	柬埔寨	13.39
3	马来西亚	16.28	10	巴基斯坦	15.36
4	哈萨克斯坦	15.31	11	匈牙利	15.47
5	泰国	16.63	12	越南	13.18
6	英国	15.17	13	波兰	11.68
7	新西兰	16.64	14	土耳其	15.63

续表

排名	国家/地区	资金融通	排名	国家/地区	资金融通
15	阿联酋	16.95	41	亚美尼亚	11.17
16	菲律宾	12.79	42	孟加拉国	7.39
17	卡塔尔	14.67	43	爱沙尼亚	6.64
18	老挝	11.49	44	巴林	10.63
19	乌克兰	12.71	45	克罗地亚	6.08
20	白俄罗斯	13.19	46	拉脱维亚	7.01
21	伊朗	8.90	47	斯洛伐克	6.36
22	塞尔维亚	9.45	48	斯洛文尼亚	5.28
23	印度	14.47	49	马尔代夫	5.27
24	沙特阿拉伯	6.85	50	约旦	5.72
25	捷克	10.08	51	土库曼斯坦	5.07
26	斯里兰卡	9.70	52	阿尔巴尼亚	9.36
27	以色列	10.88	53	黑山	6.18
28	摩洛哥	12.70	54	阿塞拜疆	6.47
29	缅甸	6.33	55	波黑	6.47
30	尼泊尔	10.40	56	文莱	8.16
31	科威特	10.74	57	阿富汗	6.18
32	乌兹别克斯坦	10.06	58	伊拉克	4.50
33	吉尔吉斯斯坦	9.65	59	黎巴嫩	5.11
34	塔吉克斯坦	14.54	60	马其顿	5.64
35	埃及	9.95	61	摩尔多瓦	6.17
36	立陶宛	10.61	62	东帝汶	5.57
37	罗马尼亚	7.65	63	不丹	5.35
38	保加利亚	6.99	64	叙利亚	3.45
39	格鲁吉亚	8.04	65	也门	3.84
40	阿曼	5.76	66	巴勒斯坦	4.15

资料来源: 全球首份2018 "一带一路" 沿线国家 "五通指数" 报告发布 [EB/OL]. http: //ocean. pku. edu. cn/info/1165/3077. htm.

（3）资金融通建设的其他情况

首先，关于亚投行的基本情况。亚投行是于 2015 年 12 月 25 日，由中国倡议成立、57 国共同筹建的亚洲基础设施投资银行（简称"亚投行"或"AIIB"）正式成立，此为首家由中国倡议设立的多边金融机构。截至 2020 年 9 月，亚投行共有成员 103 个，其中"一带一路"沿线国家成员超过一半。已批准项目 95 个，总投资达到 203.7 亿美元。

其次，人民币在"一带一路"沿线国家的使用情况。2019 年我国与"一带一路"相关国家办理人民币跨境收付金额超过 2.73 万亿元，同比增长 32%，较 3 年前提高逾 1 倍，在同期人民币跨境收付总额中占比达 13.9%。其中，货物贸易收付金额为 7325 亿元，直接投资收付金额为 2524 亿元。当前"一带一路"相关 8 个国家已建立人民币清算安排，人民币跨境支付系统覆盖相关 60 多个国家和地区。截至 2019 年末，共有 11 家中资银行在 29 个"一带一路"相关国家设立了 79 家一级分支机构。截至 2020 年一季度，全球人民币储备规模达 2214.8 亿美元，占国际储备总额的 2.02%，创历史最高水平。[①] 2016 年第 4 季度至 2020 年第 1 季度全球人民币储备规模如图 5 - 6 所示，从图中可以看出人民币国际化水平正在不断提升。

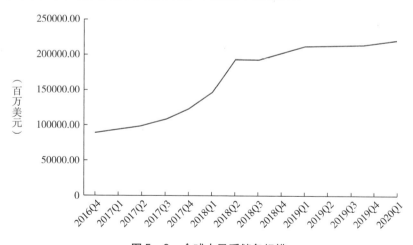

图 5 - 6　全球人民币储备规模

---

① 资料来源：中国一带一路网．https：//www.yidaiyilu.gov.cn．

2. 资金融通现存的问题

"一带一路"沿线国家中的发展中国家，尤其是收入水平较低的发展中国家，储蓄较少，资本形成也较低，在扩大生产规模方面尚存在困难。在参与世界市场后，其贸易盈余大多用于购买美元外汇储备，使国际资本回流到发达国家，导致这些发展中国家用于扩大生产规模的资金得不到有效补充。在这种金融资源被发达国家垄断的背景下，发展中国家想要参与世界市场并从中得益难上加难。以上情况短期内并不会得到改变，因为国际货币体系并不会轻易改变，这是资金融通方面目前存在的最大问题。其他具体问题还有：

第一，如上所述，在"一带一路"建设过程中，很多工程投资规模大且投资回报周期较长，资金需求量大。这么大量的资金单靠中国不足以筹集足，且随着"一带一路"建设的全面铺开，未来资金缺口可能越来越大。

第二，"一带一路"建设多为跨国项目，需要大量专业化、国际化、具备丰富实践经验的金融人才，而这种人才目前十分稀缺。

第三，从不同国家的具体情况看，各国面临的问题各不相同。中东欧信息便利程度和金融市场发育程度较低，金融稳定程度较低。巴尔干国家国内金融体系仍处于发展阶段，外汇储备规模小。中国与叙利亚、也门、伊拉克等战乱国家的资金融通基本陷于停顿，土耳其、埃及、约旦因经济环境恶化，本币大幅贬值，资金融通风险增大。

3. 以资金融通缓解世界市场失灵的政策建议

一是鼓励适度的金融创新。"一带一路"的金融需求，不论从数量还是种类来说，都已超出现存的传统金融所能提供的范畴。因此针对"一带一路"建设过程中层出不穷的金融需求和金融问题，应不断适时推出新的金融服务品种，并不断完善对金融创新的跟踪监管，这样不仅能推进融资进程，解决融资难题，还能使中国的金融系统和从业人员、监管人员从中得到宝贵的经验，日后用于建设国内金融系统。

二是注重培养和吸引高端国际化金融人才，以适应"一带一路"建设中涉及资金融通的各种事务。

三是重视国际合作。中国的国有银行应积极寻找国际资本联合投融资的项目机会。

四是应注重以多种方式管理风险。"一带一路"倡议中涉及的项目多为长期项目，风险较大。因此除投融资外，还应发挥保险和再保险金融业务的作用，积极管理"一带一路"建设过程中出现的各种风险和不确定性。

（五）民心相通

民心相通是"五通"建设的重要内容。各国之间人民的友好情谊和良好的文化沟通无疑能为进一步的经济、金融合作提供坚实的民间基础。民心相通缓解世界市场失灵的作用主要体现在民心相通建设的发展能够增强双方的互信，缓解信息不完全和不对称，从而使贸易双方能够降低贸易成本，减少风险，并提升预期收益。民心相通建设的发展还有助于减少人为的市场分割，使得资源能够得到更有效率的配置，使市场效率得到提升，促进市场机制的发挥。

下文将从民心相通的现状、现存的问题，以及通过民心相通建设进一步缓解世界市场失灵的政策建议三个方面进行进一步分析。

1. 民心相通的现状

目前衡量民心相通的指标主要包括以下几项：一是北京大学发布的"五通"指数中涉及民心相通的部分；二是"一带一路"沿线国家文化产业合作发展指数；三是"一带一路"国家入境游客人次指标。以下进行具体分析。

（1）北京大学发布的"五通"指数中涉及民心相通的部分

北京大学发布的"五通"指数中民心相通的得分情况见表5-17。可以看出，俄罗斯、新加坡和马来西亚在民心相通方面与中国的联系最为紧密。结合上文的分析不难看出，这些国家在政策沟通、设施联通、贸易畅通和资金融通方面也与中国联系比较紧密，民心相通对其他方面的支持和促进作用从中可见一斑。

表5-17　"五通"指数中涉及民心相通的部分

排名	国家/地区	民心相通	排名	国家/地区	民心相通
1	俄罗斯	18.07	30	尼泊尔	14.41
2	新加坡	16.33	31	科威特	8.48
3	马来西亚	16.31	32	乌兹别克斯坦	10.61
4	哈萨克斯坦	14.00	33	吉尔吉斯斯坦	11.77
5	泰国	18.31	34	塔吉克斯坦	9.95
6	英国	13.77	35	埃及	14.77
7	新西兰	15.91	36	立陶宛	10.20
8	印度尼西亚	16.73	37	罗马尼亚	12.37
9	柬埔寨	14.73	38	保加利亚	11.78
10	巴基斯坦	14.69	39	格鲁吉亚	10.67
11	匈牙利	13.20	40	阿曼	8.72
12	越南	17.17	41	亚美尼亚	10.72
13	波兰	13.67	42	孟加拉国	11.93
14	土耳其	14.24	43	爱沙尼亚	9.68
15	阿联酋	13.20	44	巴林	10.17
16	菲律宾	15.00	45	克罗地亚	11.30
17	卡塔尔	11.34	46	拉脱维亚	10.41
18	老挝	14.31	47	斯洛伐克	10.42
19	乌克兰	14.80	48	斯洛文尼亚	9.98
20	白俄罗斯	10.68	49	马尔代夫	13.13
21	伊朗	14.15	50	约旦	11.76
22	塞尔维亚	12.36	51	土库曼斯坦	9.78
23	印度	15.52	52	阿尔巴尼亚	8.35
24	沙特阿拉伯	11.75	53	黑山	8.10
25	捷克	11.18	54	阿塞拜疆	10.45
26	斯里兰卡	14.43	55	波黑	9.90
27	以色列	14.44	56	文莱	11.60
28	摩洛哥	14.24	57	阿富汗	9.03
29	缅甸	12.85	58	伊拉克	9.68

续表

排名	国家/地区	民心相通	排名	国家/地区	民心相通
59	黎巴嫩	10.34	63	不丹	9.18
60	马其顿	7.20	64	叙利亚	10.75
61	摩尔多瓦	7.63	65	也门	8.34
62	东帝汶	6.87	66	巴勒斯坦	9.23

资料来源:全球首份2018"一带一路"沿线国家"五通指数"报告发布〔BE/OL〕. http://ocean. pku. edu. cn/info/1165/3077. htm.

（2）"一带一路"沿线国家文化产业合作发展指数

《"一带一路"文化产业合作发展报告（2019）》中报告了2018年的"一带一路"沿线国家文化产业合作发展指数。该指数从文化基因亲近度（包括历史文化资源、艺术文化资源、文化资源接受度）、文化贸易畅通度（包括文化贸易水平、文化贸易效率）、文化建设互补度（包括文化建设水平、文化建设前景）、文化交流紧密度（包括政府主导交流情况、民间主导交流情况）、文化支撑相容度（包括文化政策支持、教育科研支持、基础设施支持）五个维度进行测度，对"一带一路"沿线的65个国家进行了评分，具体请见表5-18。从表5-18中可以看出，俄罗斯、泰国、阿联酋与中国文化产业合作比较频繁，伊拉克、巴基斯坦、叙利亚则与中国文化产业合作较少。

表5-18　"一带一路"沿线国家文化产业合作发展指数

排名	国家/地区	文化产业合作发展指数	排名	国家/地区	文化产业合作发展指数
1	俄罗斯	89.80	10	乌克兰	83.91
2	泰国	88.73	11	以色列	83.59
3	阿联酋	86.41	12	匈牙利	82.93
4	波兰	86.27	13	捷克	82.84
5	新加坡	86.11	14	印度尼西亚	82.53
6	印度	85.20	15	立陶宛	82.41
7	马来西亚	85.07	16	保加利亚	82.14
8	罗马尼亚	85.03	17	哈萨克斯坦	81.77
9	土耳其	84.35	18	菲律宾	81.75

排名	国家/地区	文化产业合作发展指数	排名	国家/地区	文化产业合作发展指数
19	斯洛文尼亚	81.70	43	塞浦路斯	75.41
20	蒙古国	80.79	44	孟加拉国	75.40
21	爱沙尼亚	80.51	45	尼泊尔	74.84
22	拉脱维亚	80.49	46	吉尔吉斯斯坦	74.76
23	希腊	80.37	47	亚美尼亚	74.73
24	约旦	80.22	48	马尔代夫	74.55
25	埃及	79.71	49	马其顿	74.24
26	沙特阿拉伯	79.65	50	黑山	73.66
27	越南	79.17	51	阿尔巴尼亚	73.56
28	巴基斯坦	79.10	52	波黑	73.43
29	斯里兰卡	78.84	53	文莱	73.09
30	卡塔尔	78.50	54	塔吉克斯坦	73.05
31	克罗地亚	78.40	55	乌兹别克斯坦	73.05
32	黎巴嫩	78.35	56	不丹	72.35
33	阿曼	78.32	57	摩尔多瓦	71.48
34	科威特	78.24	58	老挝	71.43
35	白俄罗斯	77.86	59	缅甸	70.43
36	柬埔寨	77.32	60	也门	69.52
37	格鲁吉亚	77.27	61	阿富汗	68.76
38	塞尔维亚	76.74	62	土库曼斯坦	68.34
39	阿塞拜疆	76.30	63	伊拉克	67.04
40	巴林	76.29	64	巴基斯坦	66.20
41	斯洛伐克	76.27	65	叙利亚	65.58
42	伊朗	75.99			

资料来源：于悠悠等，"一带一路"文化产业合作发展报告（2019），北京：社会科学文献出版社，2020.

图 5-7 展示了"一带一路"沿线国家文化产业合作发展指数。可以看出，在文化产业合作方面，各国的差距并不是特别大。

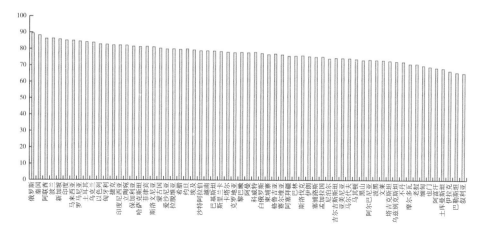

图 5-7 "一带一路"沿线国家文化产业合作发展指数

（3）"一带一路"沿线国家入境游客人次

除了以上综合反映民心相通情况的指数指标外，还有一些分散的指标可以从一个侧面反映"一带一路"沿线国家与中国民心相通的状况，如一些"一带一路"沿线国家入境游客人次情况。表 5-19 展示了部分"一带一路"沿线国家入境游客人次情况。可以看出，俄罗斯、蒙古国和马来西亚来中国旅游的人次最多。

表 5-19　部分"一带一路"国家入境游客人次情况

指标	2013	2014	2015	2016	2017	2018
印度入境游客（万人次）	67.70	71.00	73.05	79.97	82.20	86.30
印度尼西亚入境游客（万人次）	60.50	56.70	54.48	63.37	68.31	71.19
马来西亚入境游客（万人次）	120.70	113.00	107.55	116.54	123.32	129.15
蒙古入境游客（万人次）	105.00	108.3	101.41	158.12	186.45	149.43
菲律宾入境游客（万人次）	99.70	96.80	100.40	113.51	116.85	120.50
新加坡入境游客（万人次）	96.70	97.10	90.53	92.46	94.12	97.84
泰国入境游客（万人次）	65.20	61.30	64.15	75.35	77.67	83.34
俄罗斯入境游客（万人次）	218.60	204.60	158.23	197.66	235.68	241.55
新西兰入境游客（万人次）	12.90	12.70	12.54	13.62	14.37	14.65

注：限于数据可得性，只获得了以上几个"一带一路"国家的入境游客人次数据。

资料来源：国家统计局网站 . http：//www. stats. gov. cn.

2. 民心相通存在的问题

从整体发展水平来看，中国与"一带一路"沿线国家民心相通的程度还不够高。虽然中国在与"一带一路"国家进行民间交往方面已取得一些成绩，但总体水平还是不高。"一带一路"倡议涉及多个不同文化区域，历史上与中国民间交往频繁的国家并不很多，所以民心相通是一个漫长的系统工程，需要各方民众共同不懈努力。

从不同国家的具体情况来看，各地区"一带一路"的民心相通程度存在差异，且不同国家存在的问题不同。一些国家民众对中国心存偏见，如中东欧国家由于意识形态与中国不同，对中国的政治制度存在一定程度的偏见，且在文化交流方面比较薄弱，甚至在旅游签证方面也受到较多的限制。另一些国家的风俗习惯甚至当地法律不被中国知晓，文化沟通不畅，导致"一带一路"建设艰难，如中国在沙特承建的轻轨项目出现巨额亏损，主要是因为沙特要求某些路段必须由穆斯林修建，施工成本大增。

3. 以民心相通缓解世界市场失灵的政策建议

应综合使用多种方式提升民心相通的水平。加强民心相通需要从多个维度发力，如加强人才交流，为"一带一路"沿线国家留学生来华学习创造更好的条件；加强智库建设和学者交流，从学界入手强化民心相通；继续以旅游促进民间往来以及人民之间的互相了解；在国内树立文化自信，平等对待"一带一路"沿线国家的文化，强调中国和平发展价值观，努力消除中国在"一带一路"沿线国家人民心目中的负面印象。

综上，"五通"建设以政策沟通降低信息不完全和不对称程度，并降低负外部性的影响；以设施联通提升公共物品的供给水平；以贸易畅通打破垄断，减少人为市场分割，提升市场效率；以资金融通打破国际金融垄断；以民心相通缓解信息不完全和不对称，减少人为的市场分割，使得资源能够更有效率地进行配置。"五通"之间相互配合，为缓解世界市场失灵发挥了重要作用。

CHAPTER 6

第六章

六大经济走廊：缓解世界市场
失灵中的新型区域经济合作

六大经济走廊是"一带一路"的基本走向和空间支撑，走廊沿线国家不仅是"一带一路"合作的起点更是其首要受益对象，因此六大经济走廊的发展规划首先从走廊沿线伙伴国家的共商共建开始，包括中国－蒙古－俄罗斯经济走廊、新亚欧大陆桥经济走廊、中国－中亚－西亚经济走廊、中国和巴基斯坦经济走廊、中国与中南半岛经济走廊、孟加拉国－中国－印度－缅甸经济走廊。六大经济走廊是相邻国家和地区实现区域一体化发展的重要途径，但又区别于传统区域经济合作模式，它们以沿线核心城市基础设施互联互通作为支撑、以点带面、连线成片，秉持开放包容精神，提供基础设施类公共物品、汇聚一揽子合作项目。目前，"六廊六路多国多港"区域合作框架已经成为连接沿线国家、打造对外开放新高地、实现地区互利共赢新格局的重要载体，以创新引领发展、推动基础设施互联互通，优化整合资源禀赋与产能优势、激发并释放市场潜力与联动效应，加快了国家间、区域间和次区域之间发展战略深度对接。伴随着"一带一路"建设向高质量发展，经济走廊建设也逐步进入充实、拓展新阶段，六大经济走廊不仅是"一带一路"建设的重要内容和主体框架，也将成为缓解世界市场失灵的新型区域经济合作网络。

本章围绕六大经济走廊的新型区域经济合作特征与六大经济走廊缓解世界市场失灵的影响机制与作用效果进行展开。重点解决两大问题：第一个问题是在经济全球化的重心由多边主义转向区域主义的背景下，重点研究三个方面的内容：①研究六大经济走廊作为新型区域经济合作，在缓解世界市场失灵中的作用，并在此基础上探究六大经济走廊区域经济一体化的实施路径与机制保障；②在总结对比分析"一带一路"六大经济走廊与现有区域经济合作机制差异的基础上，探索归纳出六大经济走廊以发展为导向、以开放包容为前提、以互联互通为基础、以多元化合作为机制、以义利观为原则、以命运共同体为目标的新型区域经济合作特征；③从缓解世界市场失灵的角度，对"一带一路"六大经济走廊的基础设施互联互通、贸易创造效应、投资促进效应、产业升级效应、经济联动效应进行深入研究，以考察六大经济走廊在缓解世界公共产品供求失衡、增进世界市场效率、打破金融与技术市场垄断、缩小国际贫富差距、促进全球经济可持续发展等方面助力矫正世界市场失灵的作用。重点回答以下问题："一带一路"六大经济走廊如何创新了区域经济合作模式，以适应区域主义兴起的发展趋势，进而通过区域经济合作来参与经济全球化。第二个问题代表了新型区域经济合作发展方向的"一带一路"六大经济走廊建设，具体通过哪些途径有效缓解了世界市场的失灵，进而推动全球发展的效率、公平与稳定。

一、 六大经济走廊在"一带一路"建设中的战略定位

六大经济走廊是"一带一路"建设的切入点，"一带一路"倡议沿线国家数量众多、资源禀赋差异大，政治制度多样化、种族文化多元化，经济发展水平高低不同，各个国家发展面临问题和合作诉求不一，全面推进"一带一路"进程缓慢。以六大经济走廊为重点依托，有助于"一带一路"合作落地，也可以起到积极示范作用，推进各国经济合作。

六大经济走廊是"一带一路"建设的骨骼框架，走廊贯穿亚、欧、非三大洲，连通太平洋、大西洋、印度洋和北冰洋四大洋，新亚欧大陆桥、中蒙俄经济走廊、中国－中亚－西亚经济走廊横贯亚欧大陆中部和东部两大板块，畅通了欧洲国家与新兴东亚国家陆路连接。中巴经济走廊、中国—中南半岛经济走廊和孟中印缅经济走廊扩展亚洲经济南部和东部发展空间，走廊沿线将巴基斯坦、印度、孟加拉国、缅甸、越南、老挝、柬埔寨等国家主要城市连接起来，打通贸易渠道。

六大经济走廊是"一带一路"倡议的落地典范，瓜达尔港、比雷埃夫斯港等港口建设和海陆空基础设施互联互通，成立亚投行和丝路国际产能合作促进中心，建立各类经贸产业园区，打造开放型经济合作空间，以产业技术、能源合作、基础设施建设为依托项目进一步促进沿线国家人文领域交流合作，促进经济走廊沿线国家发展、繁荣。

六大经济走廊是"一带一路"建设的重点区域合作方向，立足于空间整合优化，探寻走廊国家比较优势，分廊施策，实现互利共赢。六大经济走廊建设以陆路相通为支撑、以重点经贸产业园区为合作平台，这种新型模式不断适应区域主义兴起的发展趋势，进而通过区域经济合作来参与经济全球化，探索新型区域经济合作模式纵深发展。

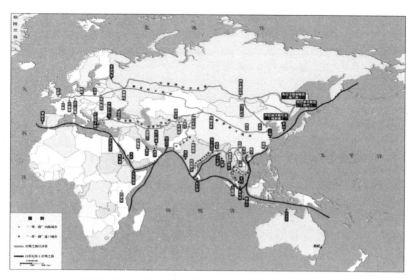

图6-1　六大经济走廊及其途径城市分布示意图

资料来源：国家测绘地理信息。

表6-1　六大经济走廊基本情况

经济走廊	起点	沿线主要国家	辐射地区
新亚欧大陆桥经济走廊	中国东部沿海，经中国西北地区	中国、哈萨克斯坦、俄罗斯、白俄罗斯、荷兰、波兰、德国	中亚、中东欧
中蒙俄经济走廊	中国华北、东北地区	中国、蒙古、俄罗斯	东亚、欧洲
中国-中亚-西亚经济走廊	中国西北地区	中国、哈萨克斯坦、乌兹别克斯坦、塔吉克斯坦、吉尔吉斯斯坦、土库曼斯坦、伊朗、土耳其、阿拉伯、卡塔尔、科威特	经中亚至波斯湾、阿拉伯半岛和地中海沿岸，辐射中亚、西亚和北非有关国家

续表

经济走廊	起点	沿线主要国家	辐射地区
中国－中南半岛经济走廊	中国西南	中国、泰国、越南、马来西亚、柬埔寨、老挝、缅甸、新加坡	连接中南本岛各国，辐射东盟
中巴经济走廊	中国喀什	中国、巴基斯坦	中东欧
孟中印缅经济走廊	中国西南地区	中国、孟加拉国、印度、缅甸	南亚、印度洋

资料来源：根据中国一带一路网相关资料整合。

（一）中蒙俄经济走廊

2014 年国家主席习近平提出中国、俄罗斯和蒙古共同建设丝绸之路经济带倡议，建设中蒙俄经济走廊、丝绸之路对接同蒙古国"草原之路"战略和俄罗斯"跨欧亚大通道建设"规划；中蒙俄三国共同推进通关手续便捷化，加强公路、铁路、通信和电网等方面的互联互通建设，促进交通和电网运输跨境合作；三国在中蒙俄经济走廊框架下进一步开展生态绿化、减灾环保、文化旅游等领域务实合作。2016 年 6 月 23 日，中蒙俄三国将传统友好、互利的经贸关系作为合作战略方向之一，共同签署"一带一路"倡议下的首个多边合作规划纲要——《建设中蒙俄经济走廊规划纲要》，标志着建设中蒙俄经济走廊正式启动。中蒙俄经济走廊将充分发挥地理区位优势和要素禀赋优势，加快实现中蒙俄产业链整合、供应链融合，推进三方在核技术、新材料、新产能、光子学等高科技领域合作，共同编制边疆防止沙漠化、数字经济跨境合作、基础设施信息化与数字化等地区崛起规划。中蒙俄经济走廊通过三大通道建设，连接东北亚地区主要城市，促进大图们江区域经济合作。

表6-2　中蒙俄经济走廊主要途经城市

	中国	蒙古	俄罗斯
通道一	北京、天津、河北、内蒙古二连浩特	乌兰巴托	乌兰乌德及远东
通道二	内蒙古阿尔山、吉林白城、长春、珲春	乌兰巴托、乔巴山、霍特	扎鲁比诺杠
通道三	大连、沈阳、长春、哈尔滨、满洲里、绥芬河		赤塔、符拉迪沃斯托克
联通区域规划	京津冀协同发展、东北振兴、环渤海经济合作	矿业兴国战略	远东及东西伯利亚计划

资料来源：根据中国一带一路网相关资料整合。

2017年5月，俄罗斯正式邀请中方共同开发北方航道，将"一带一路"建设与开通北极航线结合起来，打造"冰上丝绸之路"，8月和9月，中国经由北极航道前往北欧国家的船舶试航成功，"冰上丝绸之路"也被纳入中蒙俄经济走廊建设总体框架之中。实现了海陆两个丝绸之路经济带的对接，拓宽了一带一路合作空间，有利于亚洲网状经济合作发展。

（二）新亚欧大陆桥

新亚欧大陆桥又名"第二亚欧大陆桥"，横跨亚欧两大洲中部地带的国际化铁路交通大动脉，东西端连接太平洋和大西洋经济中心。新亚欧大陆桥以中国江苏省连云港市、山东省日照市、河北省秦皇岛等东部沿海港口为起点，经过陇海铁路和兰新铁路连接中西部安徽省、河南省、陕西省、甘肃省和青海省、新疆维吾尔自治区等，通过中国和哈萨克斯坦边界的阿尔山口出国境，终点到达荷兰鹿特丹港。新亚欧大陆桥途径俄罗斯的斯摩棱斯克、白俄罗斯的布列斯特、波兰华沙、德国柏林等国际大都市，连接中国与欧洲经济圈的核心通道，与西伯利亚大陆桥相比缩短了路上运距2000~5000公里，比海运距离缩短了上万公里，使国际运输更加畅通快捷、高效便利；同时为沿桥腹部地带国家的经贸往来、亚欧经济的繁荣发展创造了有利条件。中欧班列是中国、欧洲与"一带一路"沿线国家共同建设、维护的国际铁路联运班列，其运行线路已达 15 个欧洲国家。新亚欧大陆桥经济走廊沿线国家坚持共商、共建、共享原则，坚持多领域政策对话、信息交流和技术产业合作。截至 2018 年 7 月，中国已经与新亚欧大陆桥经济走廊沿线 21 个国家签订了"一带一路"合作备忘录，发布"16 + 1"跨区域合作机制《中国－中东欧国家合作布达佩斯纲要》，达成环境合作框架《中国－中东欧国家合作索菲亚纲要》。亚欧大陆桥沿线地区在经济上的相互依存度和优势互补性强，具有广阔的互利合作前景，对于我国实现南北方、东中西部经济协调发展和生产力合理布局具有重要意义。

（三）中国－中亚－西亚经济走廊

中国－中亚－西亚经济走廊是"一带一路"合作框架的基本盘和定位星（沙勇忠，2019），有利于沿线国家建立全方位、立体化、多层次的合作网络，推动全球化深入发展。中国－中亚－经济走廊从我国境内新疆出发，途径中亚五国（哈萨克斯坦、乌兹别克斯坦、土库曼斯坦、塔吉克斯坦和吉尔吉斯斯坦）和西亚两国（伊朗和土耳其），向西延伸至地中海沿岸、阿拉伯半岛、波斯湾等地区。中国与中亚西亚沿线 16 个国家建立了长期战略友好合作伙伴关系，这对中国地缘政治、腹地经济和边疆地区稳定具有积极意义。中亚和西亚地区拥有世界上重要的石油和天然气等能源供给国，而中国是最主要的石油和天然气等能源进口大国，经济互补奠定了中国与经济走廊沿线国家合作基础。经济走廊建设为中亚和西亚国家经济结构调整、产业升级提供了更广阔的合作领域。中国－中亚－西亚经济走廊以能源合作为基础大通道，带动了基础建设、能源供给、经贸产业等多领域投资建设。在"一带一路"合作框架下，中国与哈萨克斯坦"光明之路"发展战略、塔吉克斯坦 2030 年可持续发展战略全面对接；2016 年中国与伊朗就长期合作达成初步意向，建立全面战略合作伙伴关系，伊朗与中国运输动脉建设将有助于建立中西亚交通网。在新冠肺炎疫情的影响下，中国和中亚、西亚国家展开了更广泛的合作，对于中西亚国家复工复产提供了帮助。中国与中西亚经济走廊沿线国家已经初步形成全方位、立体化、多层次的合作网络，努力开创一体化的新格局。

（四）中国－中南半岛经济走廊

中南半岛作为亚洲南部三大半岛之一，是"一带一路"倡议连通印度洋的重要合作区域。目前，中国－中南经济走廊与越南的"两廊一圈"构想、柬埔寨的"四角"战略、印度尼西亚的"全球海洋支点"愿景等有关规划实现对接。该经济走廊是以中国云南省、广西壮族自治区为起点，纵贯越南、老挝、柬埔寨、泰国、缅甸等五个国家，最终连接马来西亚、新加坡等国。中国－中南半岛经济走廊将中国－东盟自由贸易区、澜湄合作机制、大湄公河次区域经济合作组织、环北部湾经济合作组织紧密结合在一起，以重点城市为依托，建设南宁至新加坡、昆明至新加坡、昆明至缅甸三条主要铁路、澜沧江至湄公河水上运输通道，形成分工合作、优势互补、共同开发的区域合作经济体，达成政治安全、经济合作、文化交流"三位一体"合作框架。目前中国－中南半岛形成了陆海空立体运输网络、跨境联运物流体系，挖掘次区域经济合作模式，南向走廊通道提升了中国－中南半岛经济走廊的辐射能力。

（五）中巴经济走廊

中巴经济走廊是共建"一带一路"的旗舰项目，具有积极的示范效应和引领作用。中巴经济走廊的项目重点是建设一条集公路、铁路、油气和光缆在内的综合运输通道、产业合作走廊。中巴经济走廊起点在新疆维吾尔自治区喀什地区，全长3000公里，终点在巴基斯坦瓜达尔港，以中巴喀喇昆仑公路为纽带，途经瓜达尔港、卡拉奇、白沙瓦等国际物流节点。中巴经济走廊在空间范围上覆盖了中国新疆维吾尔自治区和巴基斯坦，其空间结构分为核心区与辐射区，呈现"一带三轴多通道"的格局。中巴经济走廊建设以来，形成了政府共商机制、外交战略对话机制、经济联合工作委员会等磋商合作机制。2017年12月18日《中巴经济走廊远景规划》在巴基斯坦伊斯兰堡发布，中国国家规划、地方规划对接巴基斯坦"2025发展愿景"，该规划明确中巴经济走廊建设的重点发展方向、双方合作领域、投融资开发领域等以及走廊建设有效措施和机制保障。

表6-3　中巴经济走廊"一带三轴多多通道"区域

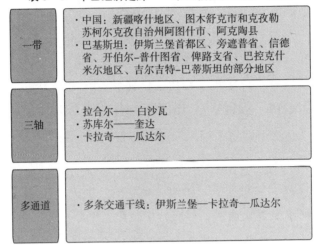

一带	·中国：新疆喀什地区、图木舒克市和克孜勒苏柯尔克孜自治州阿图什市、阿克陶县 ·巴基斯坦：伊斯兰堡首都区、旁遮普省、信德省、开伯尔-普什图省、俾路支省、巴控克什米尔地区、吉尔吉特-巴蒂斯坦的部分地区
三轴	·拉合尔——白沙瓦 ·苏库尔——奎达 ·卡拉奇——瓜达尔
多通道	·多条交通干线：伊斯兰堡—卡拉奇—瓜达尔

资料来源：根据《中巴经济走廊远景规划》相关整理。

（六）孟中印缅经济走廊

孟中印缅经济走廊空间范围内包括孟加拉国、中国西南地区、印度和缅甸等国家，辐射东南亚、西亚、非洲地区等，该经济走廊将有效填补东亚、东南亚与南亚、印度洋区域贸易与经济合作发展的断裂带。1999年中国、印度、孟加拉国、缅甸共同创立维护地区和平稳定、促进繁荣发展的区域经济合作论坛。2013年5月，四国政府成立了孟中印缅经济走廊联合工作组，并定期召开联合工作组会议。2019年6月11日，孟中印缅四国地区合作论坛在云南玉溪召开第十三次会议，会议主题为四国如何实现论坛机制化合作、基础设施互联互通、经济贸易投资便利化、文化交流等，与会成员共同签署了《孟中印缅地区合作论坛第十三次会议联合声明》，该声明在维护多边主义、完善区域合作机制、促进基础设施建设、自由贸易投资等方面提出了具体可行的建议和措施。

表6-4　孟中印缅经济走廊联合工作组会议主要内容

会议日期	会议地点	会议主要研究内容
2013年12月18—19日第一次工作会议	中国昆明	建立孟中印缅经济走廊合作机制、研究发展计划，深入探讨四国经济走廊发展前景、合作机制和重点合作领域等
2014年12月17—18日第二次工作会议	孟加拉国科克斯巴扎尔	探讨如何在基础设施互联互通、能源建设、投资便利化、货物与服务贸易便利化等重点领域开展活动
2017年4月25—26日第三次会议	印度加尔各答	促进经济发展、关注区域民生、提升区域包容性发展；中国和印度两国，要着眼于推进发展规划的互联互通，充分发挥各自优势，在推进孟中印缅经济走廊建设中发挥引领作用

资料来源：根据中国一带一路网相关资料整合。

二、 六大走廊新型区域经济合作特点

基于当前世界经济动荡加剧叠加新冠肺炎疫情的严峻形势，在和平与冲突、合作与孤立、开放与封闭、对话与对抗、自我优先与互利共赢的较量中，国际合作也面临着"安全赤字、发展赤字、治理赤字、信任赤字"的挑战。"一带一路"建设以"共商、共建、共享"为基本原则，六大经济走廊建设是中国为实现周边地区和平、稳定与发展提供的一项全球公共物品。六大经济走廊坚持开放与包容并济，超越传统地缘、经济、文化与社会制度的限制，本质上就是打造沿线合作利益共同体、责任权益共同体的命运共同体。在第二届国际合作高峰论坛圆桌峰会联合公报中，一带一路沿线各国重申"促进和平、发展与人权，推动合作共赢，尊重《联合国宪章》宗旨原则和国际法，是我们的共同责任；实现世界经济强劲、可持续、平衡和包容增长，提高人民生活质量，是我们的共同目标；打造繁荣与和平世界的共同命运，是我们的共同愿望。"2020年8月，习近平主席在"一带一路"国际合作高级别视频会议书面致辞中强调，应对疫情和促进复工复产要走团结合作之路，坚持多边主义，反对孤立主义、单边主义。全世界应坚持开放包容、促进互联互

通，如此才能更好地应对全球性危机，实现各国发展，共建"一带一路"国际合作在此次抗击疫情和恢复经济中发挥重要作用。作为"一带一路"建设主体内容的六大经济走廊，应逐步探索以发展为导向、以开放包容为前提、以互联互通为基础、以多元化合作为机制、以义利观为原则、以命运共同体为目标的新型区域经济合作模式（李向阳，2016，2018）。

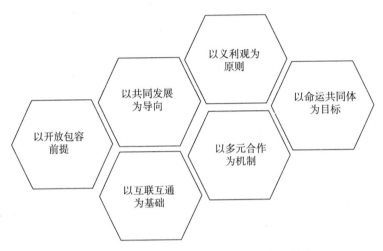

图 6-2　六大经济走廊新型区域经济合作模式

（一）经济走廊以发展为导向

六大经济走廊将"一带一路"沿线广大发展中国家最为关心的发展问题作为核心目标，从根本上区别于其他经济合作机制以规则为导向，着力破解区域经济合作组织中"经济发展缺位"的难题（李向阳，2019）。六大经济走廊沿线有 8 个最不发达国家，16 个非 WTO 成员国，24 个人类发展指数低于世界平均水平的发展中国家，发展经济和改善民生成为各国共同的目标和诉求。中国提倡包容性增长理念，鼓励各国走符合自身国情的发展道路，绝不会不考虑各国具体情况而一味输出发展模式。经济走廊沿线国家应坚持开放与利益共享原则，实现商品贸易、投融资和服务贸易便利化，鼓励和促进民间交流合作，培育经济走廊国家的经济合作增长点，为各国经济发展带来持续的增长空间。"一带一路"合作项目要做到政治效益、商业效益、社会效益、环境效益有机统一（隆国强，2019），通过开展新型区域经济合作谋求最大的发展。六大经济走廊建设应充分发挥各国优势，积极促进走廊沿线国家之间的网络状、多领域、多层次合作，大幅提高各国参与经济全球化的深度和广度，促进各国经济发展。

（二）经济走廊坚持以开放包容为前提

六大经济走廊秉持"和平合作、开放包容、互学互鉴、互利共赢"的丝绸之路精神，遵从"共商、共建、共享"原则，坚持成员开放、议程开放、合作过程开放，最大限度地体现了参与各方对发展机会、发展权益和发展成果的共享（罗雨泽，2019）。每个国家、每个地区、每个城市的发展，都离不开开放和包容。对于中国经济发展来说，改革不会停顿，开放不会止步，我们要更加坚定不移实施对外开放的基本国策，加快建立规则标准等制度型开放经济，积极投身全球公共物品提供和全球经济治理。经济走廊沿线国家则致力于开放式发展，坚决反对贸易保护主义，弘扬开放包容、海纳百川的精神，更大力度地推动对外合作、提高对外开放的质量和层次。中国是经济走廊建设主要推动力，但绝不是经济利益的独享者，广大发展中国家参与以经济走廊为代表的新型区域经济合作，在广泛听取各国对共建经济走廊的意见建议，在尊重彼此发展关切和意见诉求的基础上，通过平等协商，共同确定走廊合作项目和推动方式，积极培育大产业、构建大通道、营造大环境，加快形成新型多层次、宽领域的区域经济合作网络。新型区域经济合作将坚持在差异性中求同存异，在多样性中和谐共处，正确接纳和处理不同思想、不同观念、不同文化、不同诉求，破除观念壁垒，有效打击和清除保护主义、孤立主义，推动建立公平、竞争、开放、统一的大市场。

（三）经济走廊坚持以互联互通为基础

基础设施互联互通是经济走廊建设的基石，也是提高贸易便利化水平、建设高标准自由贸易网络的重要依托，各项基础设施的改善都有助于完善经济走廊国家区域经济合作网络，畅通与全球供应链衔接。2016年，亚洲基础设施投资银行成立，按照多边开发银行模式和原则运作，致力于服务所有成员发展需求，提供更多高质量、低成本、可持续的基础设施投资，为促进亚洲及其他地区经济社会发展提供新动力。经济走廊建设充分尊重参与国的主权、领土完整，共商共建共享以公路、铁路、航运、水运等为核心的全方位基础建设网络，逐步建立以技术信息为核心的综合型网络联通，将基础设施互联互通作为优先发展的重点领域，尤其需要抓住交通基础设施的关键通道、关键节点和重点工程建设，努力提升道路通达水平和航空基础设施水平，加快推动口岸基础设施和港口合作项目建设，实现国际运输陆、水、空联运通道的畅通便捷，促进要素跨区域流动，实现了地区资源的优化配置、互利互惠、共赢发展。

（四）经济走廊坚持以多元化合作为机制

在新冠肺炎疫情的冲击下，国际秩序重构速度加快，地区和世界形势发生深刻变化，全球性的合作机制面临巨大挑战，但区域合作会进一步加强，将为经济走廊新型合作带来机遇。现有区域经济一体化合作可分为低级到高级的多种合作机制：优惠贸易安排、自由贸易区、关税同盟、共同市场、经济一体化，它们的合作机制从本质上来讲都是相同的。而经济走廊沿线国家制度不同、文化多元、资源禀赋不同、发展水平不一，六大经济走廊坚持差异化、多元化发展目标，不寻求构建统一的合作机制，而是实现多种合作机制并存，因廊施策，中蒙俄经济走廊以能源合作与农业合作为重点；新亚欧大陆桥作为亚欧各国跨区域合作发展的桥梁；中国－中亚西亚经济走廊矿藏种类多、油气资源丰富，重点推进能源运输、维护为主要发展方向的产业合作；中巴经济走廊围绕基础设施合作开展多元合作；中国－中南半岛经济走廊进一步促进中国与东盟的互联互通；孟中印缅经济走廊积极畅通东亚、东南亚与南亚贸易与经济发展。后疫情时代，经济走廊合作内容会更加丰富，有助于进一步拓宽此区域合作空间，未来经济走廊建设将完善多元化制度合作、加强政治沟通和多领域的对话机制，中蒙俄经济走廊也会完善三国边境口岸以及国家合作领域法律法规，推进三国边境地区突发应急区域协调机制。

根据经济走廊沿线国家的经济发展水平和区域优势，中国不仅要对接产业优势，还要扩大项目多样性与合作多元化，提升发展战略的契合度，促进"一带一路"倡议共同发展的有效性。

（五）经济走廊坚持以义利观为原则

2014年7月，国家主席习近平在韩国首尔大学阐述了正确义利观的内涵与意义："当前，经济全球化、区域一体化快速发展，不同国家和地区结成了你中有我、我中有你、一荣俱荣、一损俱损的关系。这就决定了我们在处理国际关系时必须摒弃过时的零和思维，不能只追求你少我多、损人利己，更不能搞你输我赢、一家通吃。只有义利兼顾才能义利兼得，只有义利平衡才能义利共赢。"义与利是经济合作的辩证关系，两者相互依存、相互促进，"利"受到"义"的制约，而正当的"利"也必然满足"义"的要求；"义"天然包含"利"的内容，也是实现"利"的根本保障。中国把新型义利观运用到经济走廊建设之中，需要处理好给予与索取、输血与造血、长期目标与短期目标、宏观目标与微观目标的辩证关系（李向阳，2018）。在经济合作中实现互利共赢，而不是你输我赢，秉承正确的义利观可以弥补规则主导所导致的大小国家利益分配不合理的弊端，将"义"置于重要位置，反对以大欺小、恃强凌弱、以众暴寡、以富压贫，强调相互尊重、合作共赢、共同发展，没有"义"，经济走廊建设就无从谈起，没有"利"，通过经济走廊打造的区域经济合作也不可持续，只有把"义"和"利"有机结合起来才能顺利发展，只有义利平衡才能义利共赢。

（六）经济走廊坚持以命运共同体为目标

国家主席习近平提出，要让命运共同体意识在周边国家落地生根。人类命运共同体理念首先拓展于周边和区域，经济走廊建设就是坚持以命运共同体为目标，坚持与周边国家的互利合作和互联互通，融入利益共生、情感共鸣、价值共识、责任共担、发展共赢等内涵发展。六大经济走廊建设是构建人类命运共同体的重要实践平台，合作是手段，共赢是目标，发展是方向，经济走廊在政策沟通、设施联通、贸易畅通、资金融通、民心相通上不断推进发展进程，增加共同安全和共同利益，为推进人类命运共同体作出贡献。构建人类命运共同体是一个长期的和全方位的目标，需要经济走廊各国在政治上互相尊重、平等协商，在经济上开放包容、促进贸易和投资便利化，尊重多元文化、推进不同文化交流合作，在安全领域以对话解决争端，反对一切形式恐怖主义，正确处理好经济发展与生态建设的关系，加强经济走廊沿线国家生态文明领域的交流合作。

三、 六大走廊缓解世界市场失灵的经济效应

当代马克思主义经济学发展了市场失灵理论，认为不仅在一个国家内部市场机制自发配置资源存在市场失灵，而且在世界市场上同样存在市场失灵，仅靠世界市场机制自发作用，有许多解决不了、解决不好的问题，经济全球化与世界市场自发作用的矛盾始终存在。既要使世界市场在资源配置中起决定性作用，减少政府对世界资源的直接配置，把市场机制能有效调节的经济活动交给市场；又要更好发挥各国政府作用，弥补世界市场缺陷，克服世界市场失灵，而非一味强调世界市场自由化。只有形成世界市场作用和各国政府作用有机统一、相互补充、相互协调、相互促进的格局，才能更好推动世界经济持续健康发展。世界市场机制不健全、跨国公司垄断世界市场、世界市场公共产品供给不能满足需求以及出现越来越多外部性，导致世界市场无法自发实现公平和稳定，而"一带一路"有助于克服世界市场失灵（桑百川，2016）。要解决经济全球化与世界市场失灵的矛盾，弥补世界市场缺陷，需要协调世界市场"看不见的手"和各国政府"看得见的手"两大作用，六大经济走廊秉持"和平合作、开放包容、互学互鉴、互利共赢"等理念，加强与经济走廊沿线国家合作，增强国际责任意识，完善世界市场功能，解决世界市场垄断问题（桑百川，2016），与各国共同发展，共享发展红利，在开放合作中带动发展中国家发展和共同进步，成为缓解世界市场失灵的新型区域经济合作网络。六大经济走廊是"一带一路"倡议的空间载体，能够有效发挥

基础设施互联互通效应，帮助发展中国家夯实经济发展基础，增强发展中国家在经济全球化中的获利能力；通过建立新的国际多边金融机构，改善国际金融秩序，为广大发展中国家提供融资平台，助力其经济发展，扩大贸易创造和投资效益；通过国际产能合作，将中国改革开放以来积累的优质产能和先进生产技术转移给"一带一路"沿线的其他国家，带动各国产业升级；通过提高有效供给催生新的需求，实现世界经济再平衡；通过扩大双边贸易、投资合作等经济联动效应，为沿线国家提供更多就业岗位，提升国民收入和福利水平，帮助其提振经济，进而缩小与发达国家之间的经济社会发展差距（桑百川，2016）。六大经济走廊建设，可推动全方位、立体化、网络状的大联通，建立政策沟通、设施联通、贸易畅通、资金融通、民心相通五大领域齐头并进、群策群力的开放系统，推进了沿线国家基础设施互联互通、产业技术交流合作、经济贸易互利互惠，最终实现"一带一路"国家共同繁荣，惠及沿线国家和世界各国人民。

（一）基础设施互联互通效应

如何实现基础设施互联互通是发展中国家面临的普遍问题。区域经济合作的经济效应与空间距离一般遵循衰减规律，即空间距离越大，相互作用和合作强度越小，而不同国家在经济发展梯度地位不同、占有资源禀赋不同，基础设施互联互通可以有效促进资源、要素在不同区域之间的合理、高效配置，提高要素跨边境流动效率，实现经济走廊沿线国家产业链整合提升。基础设施互联互通可以打通国家与国家之间地理障碍，发挥基础设施的网络特性、提高区域内的要素流动效率，降低区域之间的交易成本。基础设施不仅能够促进经济增长（Romer，1986；Lucas，1988），还具有提高全要素生产率（Hulten et al.，2006；刘秉镰，2010）、降低企业成本（Demetriades and Mamuneas，2000）、提高交易效率（杨小凯，2003）、实现区域政治安全稳定等外部"溢出"效应。据世界银行测算，对基础设施的投资每增加10%，GDP 将增加1%。世界经济论坛估计，如果削减全球供应链壁垒能够极大促进全球贸易量增加和 GDP 增长，则这种基础设施带来的福利效应将超过削减灌水带来的福利效应。六大经济走廊的基础设施建设以运输管道、大坝、灌溉和排水用的渠道工程等公共工程和城市与城市间铁路、市内交通、港口、机场和航道等交通运输网络为主，还着力在标准化、海关通关程序、相互认证等相关法律法规等软件方面互联互通（见图6-3）。

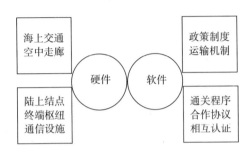

图6-3 基础设施互联互通硬件、软件

表6-5 部分经济走廊国家竞争力指数（有利环境）

国家/地区	制度		基础设施		信息通信技术应用		宏观经济稳定	
	排名	得分	排名	得分	排名	得分	排名	得分
柬埔寨	126	41.9	112	51.7	92	44.4	74	74.4
中国	65	54.6	29	78.1	26	71.5	39	98.3
德国	16	73.5	7	90.2	31	69.3	1	100.0
伊朗	121	44.3	76	65.4	80	47.6	117	66.9
哈萨克斯坦	61	54.9	69	67.3	44	64.9	62	80.3
科威特	57	56.0	61	69.3	62	56.8	1	100.0
老挝	119	44.5	99	57.5	96	42.7	110	68.5
荷兰	4	77.7	4	92.4	19	75.1	1	100
巴基斯坦	109	46.3	93	59.0	127	23.6	103	69.6
卡塔尔	31	63.8	26	80.0	9	81.9	40	96.5
俄罗斯联邦	72	52.7	51	72.2	25	72.1	55	87.5
新加坡	3	80.7	1	95.7	4	85.2	42	92.6
塔吉克斯坦	81	50.9	87	61.5	108	33.0	109	68.6
泰国	60	55.1	60	69.7	64	56.6	48	89.9
马来西亚	24	68.7	32	77.9	32	69.1	1	100.0
土耳其	71	52.9	50	72.6	71	53.5	116	67.4

资料来源：世界经济论坛《2018年全球经济竞争》。

第一，中蒙俄经济走廊加强基础设施互联互通建设方面合作，初步形成以公路、铁路、边境口岸构、货物运输等为主的跨国基础设施联通网络和多种通关方式并存的开放格局。

表6-6　中蒙俄经济走廊基础设施互联互通

	中俄之间，滨洲铁路完成电气化改造向北延伸经赤塔与俄罗斯西伯利亚大铁路相连；莫斯科至喀山高铁第一标段建设项目获得俄政府拨款2000亿卢布（约30亿美元）；贝阿干线和跨西伯利亚大铁路改造也获得拨款200亿卢布（约3.03亿美元）；集二线经蒙古国扎门乌德、乌兰巴托至俄罗斯乌兰乌德。 中蒙之间，白阿铁路、长白铁路如期转线贯通。策克口岸跨境铁路通道项目已于2016年5月26日正式开工建设，标志着中蒙两国政治互信达到了新的高度，也为未来策克口岸贸易量大幅度提升奠定了坚实的基础。
	中蒙俄完成了《沿亚洲公路网政府间国际道路运输协定》的签署工作，并组织开展了三国卡车试运行活动。已建成中国境内与蒙古相连的四条公路；乌兰巴托新国际机场高速公路于2018年10月全线贯通；扎布汗省114公里公路即将投入使用，67公里公路建设启动中；巴彦洪格尔省129.4公里公路于2017年6月开工。项目建成后，将极大提升蒙古西部地区交通状况，为当地经济社会发展创造有力保障。2019年，中俄黑河公路桥、同江铁路大桥合龙通车。
	中俄之间共有六个陆路边境口岸，其中四个主要对俄边境口岸承担了中俄间陆路运输货物总量的65%；中蒙之间的陆路边境口岸包括二连浩特在内共有13个，九个主要对蒙边境口岸承担了中蒙货运总量的95%。从国内看，内蒙古已经建成满洲里、二连浩特、甘其毛都和策克四大口岸，全部实现年进出境货运量1000万吨。2018年，《策克口岸总体规划》《策克口岸控制性详细规划》编制完成；乌力吉公路口岸开始全面建设；阿日哈沙特、额布都格口岸扩大为常年开放口岸。

资料来源：根据中国一带一路网相关资料整理。

第二，新亚欧大陆桥经济走廊依托中欧班列的开通和运营，初步探索形成了多国协作的国际班列运行机制，有力推动了亚欧两大洲经济贸易交流。《中国-中东欧国家合作布达佩斯纲要》和《中国-中东欧国家合作索菲亚纲要》对外发布，中国、俄罗斯、德国、哈萨克斯坦、白俄罗斯、蒙古、波兰等七国铁道部门共同签署了《关于深化中欧班列合作协议》。自 2011 年重庆首趟"渝新欧"班列开行，截至 2019 年 6 月，中欧班列累计开行已超过 1.7 万列（不包括中国到中亚地区的班列），运输时间是海运的 1/2，而运输成本仅是空运的 1/5，国内开运城市有 62 个，境外则已达到 16 个国家的 53 个城市，回程班列达到 99%。经济走廊沿线国家协调口岸通关合作、提升通关便利程度，平均查验率和通关时间下降了 50%（《共建"一带一路"倡议：进展、贡献与展望》报告，2019 年 4 月 22 日）。开行的质量大幅度提升，基本实现双向运输平衡，货物品种不断丰富，2018 年中欧班列运输的货物价值达到 330 亿美元，同比增长 106%。2015 年 11 月，中国与东欧合作修建匈牙利首都布达佩斯到塞尔维亚首都贝尔格莱德双线电气化铁路，其中从贝尔格莱德至泽蒙段左线于 2020 年 10 月 21 日顺利通车，中国西部 – 西欧国际公路（中国西部 – 哈萨克斯坦 – 俄罗斯 – 西欧）基本建成。2020 年 9 月底，中欧班列累计开行 3 万次，基本形成布局合理、设施完善、运量稳定、便捷高效、安全畅通的中欧班列综合服务体系。

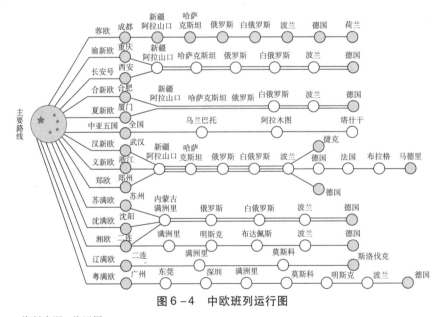

图 6 – 4　中欧班列运行图

资料来源：海运网。

第三，中国－中南半岛经济走廊交通网络不断完善。在政策方面，各国积极推进基础设施互联互通，《大湄公河次区域交通发展战略规划（2006—2015）》的实施工作已经完成，初步形成了该次区域九大交通走廊；2016 年 5 月，《中国－中南半岛经济走廊倡议书》在第九届泛北部湾经济合作论坛上发布；《大湄公河次区域便利货物及人员跨境运输协定》已在 2017 年 3 月启动实施。广西和云南修建对接中南半岛的多条铁路和高速公路。泛亚铁路东线国内段昆玉河准轨铁路实现通车，中国南宁与越南首都河内双向对开中欧班列，跨境铁路构成中越主要物流通道；中国和老挝共同探索发展模式，加快泛亚铁路老挝段建设；雅万高铁处于全面施工阶段；中缅铁路的中国国内段进展顺利：昆明至大理段已开通运营，大理至瑞丽段正加快建设。中越北仑河二桥于 2021 年初进行临时通关演练，预计在 2021 年内投入使用。陆海新通道是中新互联互通框架下的国际物流新通道，2017 年 8 月，重庆、广西、贵州、甘肃四省区市签署"南向通道"框架协议，陆海新通道雏形初现；在《关于中（重庆）战略性互联互通示范项目"国际陆海贸易新通道"建设合作的谅解备忘录》中"南向通道"正式更名为"国际陆海贸易新通道"；2019 年 8 月，国家发展改革委正式出台《西部陆海新通道总体规划》，西部陆海新通道上升为国家战略；其目的地已覆盖全球 71 个国家和地区的 155 个港口；其中国内目的地已扩展到青海、新疆、云南、宁夏等八省区市；陆海新通道成为中国－中南半岛经济走廊的重要抓手。

第四，中巴经济走廊完善了中国与巴基斯坦基础设施的互联互通。瓜达尔港是中巴经济走廊的枢纽，打通了中国新疆出海通道，也是中亚内陆国家和地区理想的出海港口。2016 年 11 月 3 日，瓜达尔港首次试航，2018 年 3 月 7 日，巴基斯坦瓜达尔中东快线开通，集装箱货轮服务在瓜达尔港正式启动；2019 年，巴基斯坦政府颁布《瓜达尔港智能港口城市总体规划》，瓜达尔港从单一港口码头向多功能综合性城市转型发展。

2018 年 7 月 13 日，中巴陆上跨境光缆项目南起巴基斯坦拉瓦尔品第，北至中国红旗拉普口岸建成开通，全长 820 千米，该项目不仅将推动中巴两国信息互联互通建设，也将推动地区通信事业革新。铁路建设项目提高了中巴经济走廊的运力。公路建设项目不仅能改变目前中国和巴基斯坦唯一的陆路交通通道、改善巴基斯坦两大城市之间的交通状况，还能将瓜达尔港经卡拉奇同喀什相连，有助于巴基斯坦同中国、伊朗、阿富汗、中亚国家等的互联互通。

表6-7 中巴经济走廊铁路和公路项目

铁路	公路
巴基斯坦1号铁路干线（ML-1）从南部港口卡拉奇出发，向北经拉合尔、伊斯兰堡至白沙瓦，全长1726公里，是该国最重要的南北铁路干线，2020年8月该项目将被升级改造，客运速度将从65~110 km/h提高至160 km/h，线路容量也将从每天的34列增加到150列以上	喀喇昆仑公路又称中巴友谊公路，它东起中国新疆喀什，穿越喀喇昆仑、兴都库什和喜马拉雅三大山脉，经过中巴边境口岸红其甫山口，直达巴基斯坦北部城镇塔科特。2020年7月28日巴基斯坦KKH二期赫韦利扬至塔科特项目（简称KKH二期项目）二级路段全线通车
拉合尔轨道交通橙线：2017年10月8日试运行，始于阿里镇，终点是德拉古杰兰枢纽，共有14站，全程运行时长为45分钟，线路全长25.58公里。2019年12月10日巴基斯坦拉合尔轨道交通橙线项目举行建成和试车仪式，标志着巴基斯坦首条城市轨道交通项目建设完成	卡拉奇至白沙瓦高速公路项目——苏库尔到木尔坦段，南起信德省的苏库尔市，北至旁遮普的木尔坦市，全长392公里。该项目于2016年8月正式开工，2018年5月26日木尔坦至舒贾阿巴德33公里段，比原计划提前15个月通车，2019年11月5日，中巴经济走廊最大交通基础设施项目——比吉斯坦PKM（苏库尔-木尔坦段）建成通车

资料来源：根据中国一带一路网资料整理。

第五，中国-中亚-西亚经济走廊上区域性的国际运输不断推进发展，《中亚区域运输与贸易便利化战略（2020）》运输走廊建设中期规划有序实施，完成了《上海合作组织成员国政府间国际道路运输便利化协定》的制定、谈判、签署和生效工作；开展了与中亚有关国家国际道路运输协议谈判，签订了《中哈俄国际道路临时过境货物运输协议》并组织开展了试运行活动。中哈石油管道是中国首条跨国原油长距离输送管道，自2006年5月中哈原油管道全线通油以来，管道已安全平稳运行4800多天。截至2019年12月31日，中哈原油管道当年向国内输送原油1088.27万吨，累计输送原油超1.3亿吨，是中国三大陆上能源战略通道中第一个建成投用且输油量达亿吨的跨国管道。中亚班列已达 28 条，可将哈萨克斯坦小麦直接运输到中哈（连云港）物流中心，换装海运出口，中亚班列的开通对哈萨克斯坦粮食出口具有重要意义。据哈萨克斯坦国家铁路货物运输公司统计，2018 年，哈铁货物运输公司共运输集装箱 46.6 万标箱，过境哈萨克斯坦中欧班列占集装箱班列总数的 30%。中国 – 中亚天然气管道网逐步成型，管道分为四条线路，A、B、C 线已经通气投产，D 线以土库曼斯坦复兴气田为气源，起点位于土乌边境，途经乌兹别克斯坦、塔吉克斯坦、吉尔吉斯斯坦，从中国新疆乌恰入境，管道全长 1000 公里，设计输气量为 300 亿立方米/年，入境后将与西气东输五线相连。D 线塔吉克斯坦段已于 2014 年 9 月 13 日开工建设，2020 年 1 月 D 线隧道项目顺利贯通，预计于 2024 年完工，届时 D 线每年从中亚国家输送到国内的天然气，约占中国同期消费总量的 15% 以上，惠及 27 个省、直辖市、自治区和香港特别行政区。

表 6 – 8　中国 – 中亚 – 西亚天然气管道基本情况

	起始国家	管道长度	年输气量	通气时间
A 线	土库曼斯坦	1833 公里	300 亿立方米	2009 年 12 月
B 线	乌兹别克斯坦	1833 公里	300 亿立方米	2010 年 10 月
C 线	乌兹别克斯坦	1840 公里	250 亿立方米	2014 年 5 月
D 线	土库曼斯坦	1000 公里	300 亿立方米	预计 2024 年

资料来源：根据中国一带一路网资料整理。

第六，孟中缅印经济走廊在基础设施互联互通方面取得积极进展。2018年 10 月，木姐 – 曼德勒铁路项目可行性研究备忘录签署，这条铁路是中缅铁路缅甸境内起始段，也是中缅经济走廊骨架支撑。航空运输方面，昆明开通了与仰光、内比都、曼德勒的航线，芒市与曼德勒的航线于 2019 年 1 月开通。中缅油气管道是继中亚油气管道、中俄原油管道、海上通道之后中国的第四大能源战略通道，2013 年 10 月，中缅油气管道的天然气管道正式投用，2015 年 4 月，中缅天然气管道在缅配套建设的皎漂、仁安羌、曼德勒、当达等四个天然气分输站全部投用。2015 年 12 月签署皎漂深水港项目框架协议，皎漂经济特区位于缅甸西部的若开邦濒临孟加拉湾，在连接非洲、欧洲和印度的干线上，是缅甸政府规划兴建的三个经济特区之一。截至 2020 年 5 月，中缅油气管道累计为缅甸带来直接经济收益约 5.14 亿美元，其中天然气管道带来收益 2.52 亿美元，原油管道项目带来收益 2.62 亿美元，不仅创造了更多就业机会、实现出口创汇，同时带来包括税收、投资分红等在内的可观经济收益。

表6-9　孟中印缅出境铁路和出境公路建设

出境铁路	成渝－贵阳－昆明－大理－瑞丽－曼德勒－马硅－皎漂港－吉大港－加尔各答
	成渝－贵阳－昆明－保山－腾冲－密支那－印度阿萨姆邦
出境公路	昆明－瑞丽－皎漂港：从昆明经瑞丽出境至缅甸皎漂公路通道；国内段 726 公里，龙陵至瑞丽高速公路于 2015 年建成通车；境外从中国瑞丽出境经曼德勒至缅甸皎漂公路，长 901 公里。
	昆明－腾冲－密支那－印度东北部：从昆明经腾冲猴桥口岸出境经缅甸密支那至印度阿萨姆邦雷多的公路通道；国内段昆明至腾冲 624 公里已建成高速公路，腾冲至猴桥段 74 公里已建成二级路；境外段猴桥至密支那 129 公里为中国援建的二级公路。
	昆明－清水河－缅甸登尼：昆明经临沧清水河出境至缅甸登尼的公路通道；国内从昆明至墨江 265 公里为高速公路，墨江至临沧 247 公里为拟建高速公路，临沧至清水河 220 公里为二级公路。

资料来源：全毅. 从南方丝绸之路到孟中印缅经济走廊［J］. 云南大学学报（社会科学版），2019（3）.

（二）贸易创造效应

在"一带一路"积极推动下，经济走廊基础互联互通建设将会产生巨大的"贸易拉动效应"（Stephen Groff，2013）。经济走廊首先是一条贸易通道，贸易创造效应不仅有助于沿线各国积极融入全球增长供应链，拉动沿线各国经济增长，还将进一步深化国际分工，发挥比较优势，提高区域内自由流通的速度和配置效率，从而推动沿线国家的经济繁荣，增加居民收入。从贸易总量来看，2005—2019 年间，六大经济走廊沿线国家进出口总值不断上升，

2005 年，中国与六大经济走廊沿线国家货物进出口总值达到 3230.9 亿美元，占中国进出口总值的 22.7%；2016 年，进出口值增长至 10548.3 亿美元，占中国进出口总值的 28.6%，进出口总值年均增长速度达到 12.9%（郑丽楠、梁双陆、刘林龙，2019）。图 6 – 5 至图 6 – 10 展示了 2013—2019 年中国与六大经济走廊之间进出口贸易总额，从可可以看出贸易总量稳步增加趋势。

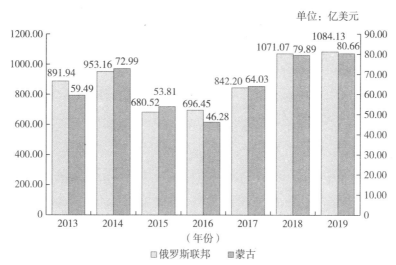

图 6 – 5　中蒙俄经济走廊中国与俄罗斯、蒙古进出口总额
资料来源：中国统计局。

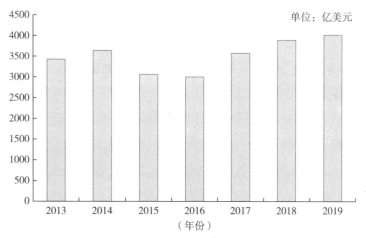

图 6 – 6　中国与新亚欧大陆桥经济走廊沿线主要国家进出口总额
资料来源：中国统计局。

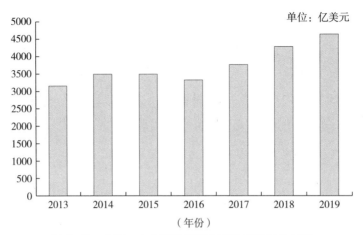

图6-7 中国-中南半岛经济走廊进出口贸易总额

资料来源：中国统计局。

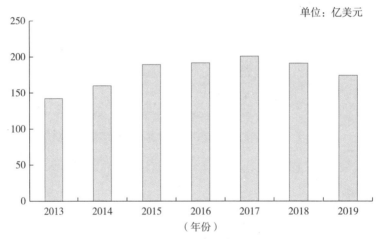

图6-8 中巴经济走廊进出口贸易总额

资料来源：中国统计局。

单位：亿美元

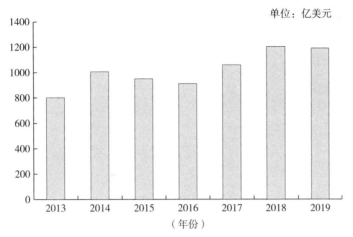

图6−9 孟中印缅经济走廊进出口贸易总额

资料来源：中国统计局。

单位：亿美元

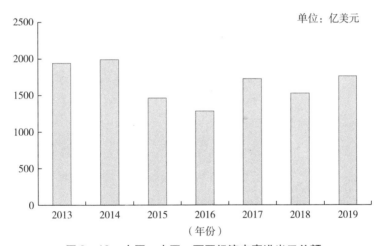

图6−10 中国−中亚−西亚经济走廊进出口总额

资料来源：中国统计局。

经济走廊贸易出现了较明显的集中化趋势。新亚欧大陆桥前三名的德国、俄罗斯和荷兰占中国整条经济走廊贸易值的80%以上，中蒙俄经济走廊中的中俄贸易值高达90%以上，中国－中南半岛经济走廊中，马来西亚、泰国、越南、新加坡占贸易总值的90%以上，孟中印缅经济走廊中，中国与印度进出口占比高达70%以上，中国－中亚－西亚经济走廊中，伊朗、沙特、哈萨克斯坦、土耳其贸易总量的60%以上。中国与经济走廊中的东亚、南亚、中亚、西亚和欧洲主要经济体保持稳定的货物贸易关系，但与东南亚的马来西亚、泰国和越南的贸易联系发生了较大改变，2005 年，中越货物贸易值为 13.1%，到 2017 年中越贸易值排名上升到第一位，中马贸易值降为第二位，中泰贸易值则排名第三位。

（三）投资促进效应

随着经济全球化的进程日益加速及国际资本流动规模不断扩大，国际间原有的生产、贸易和金融也越来越紧密，而经济走廊作为新型区域经济合作促进跨国贸易和投资不断扩大。"一带一路"经济走廊及其辐射区域作为一种新型区域经济合作，基础设施互联互通发挥着外溢效应，吸引了全球投资和外商直接投资，进而促进了产业升级效应、技术扩散效应、贸易创造效应和制度变迁效应等，经济走廊沿线国家合作互利实现了全要素生产率的提高和经济的可持续增长。

伴随着货物贸易持续增长，"一带一路"经济走廊沿线国家的外商直接投资呈现持续上升趋势，经济走廊沿线国家和地区之间、区域之间投资联系日趋紧密。1981 年中国吸引外资仅为 13.4 亿美元，2019 年则已达到 1381.4 亿美元，增长 2.4%，外国资本净流入 1558.153 亿美元，中南半岛经济走廊国家 1981 年吸引外资为 136.2 亿美元，2019 年外国资本净流入总和达到 3562.84 亿美元；中蒙俄经济走廊 2019 年外国资本净流入额达到 1900 亿美元，新大陆桥沿线主要国家外国资本净流入达到 2858.58 亿美元。2018 年，中国坚持稳中求进工作总基调，稳步实施"对外投资创新行动计划"，对"一带一路"经济走廊呈现出高质量投资增加，制造业、批发零售业、电力生产供应业、科学研究和技术服务业等四个行业的直接投资流量实现较快增长，流向制造业的投资占近 30%，为 58.8 亿美元，同比增长 42.6%；流向批发和零售业的投资占比超过 20%，为 37.1 亿美元，同比增长 37.7%；流向电力生产和供应业的投资占比近 10%，为 16.8 亿美元，同比增长 87.5%，增速为各行业之首；流向科学研究和技术服务业的投资为 6 亿美元，同比增长 45.1%，占比 3.4%（《中国对外投资发展报告（2019）》）。在六大经济走廊中，发达国家德国、荷兰、新加坡、卡塔尔、沙特是吸引外资最强劲的国家，发展中国家马来西亚、越南、印度外商投资增长速度较快。围绕经济走廊发展规划，中国是巴基斯坦最大的投资国，2020 年前 9 个月对巴投资额为 8.72 亿美元，相比去年同期的 2240 万美元增长了近 700%。中国在"一带一路"沿线国家的直接投资主要流向新加坡、印度尼西亚、马来西亚、老挝、越南、阿拉伯联合酋长国、柬埔寨、俄罗斯联邦、泰国和孟加拉国（《中国对外投资发展报告（2019）》），2020 年上半年主要投向新加坡、印尼、老挝、柬埔寨、越南、马来西亚、泰国、哈萨克斯坦和阿联酋等国家。

表 6-10　2018 年中国对经济走廊沿线国家主要投资情况

国家/地区	2018 年流量（万美元）	占比（%）
新加坡	641126	35.8
印度尼西亚	186482	10.4
马来西亚	166270	9.3
老挝	124179	6.9
越南	115083	6.4
阿拉伯联合酋长国	108101	6.0
柬埔寨	77834	4.4
泰国	73729	4.1
俄罗斯联邦	72524	4.1
孟加拉国	54365	3.0

资料来源：《中国对外投资发展报告（2019）》。

表 6-11　六大经济走廊沿线主要国家外国直接投资净流入

单位：亿美元

六大经济走廊沿线主要国家/地区	2013	2014	2015	2016	2017	2018	2019
中国	2909.284	2680.972	2424.893	1747.496	1660.838	2353.651	1558.153
蒙古	20.59703	3.377683	0.943198	-41.564	14.9435	19.51528	24.43343

续表

六大经济走廊沿线主要国家/地区	2013	2014	2015	2016	2017	2018	2019
俄罗斯联邦	692.1889	220.3134	68.5297	325.389	285.5744	87.8485	317.8346
哈萨克斯坦	100.1129	73.08113	65.77824	172.2096	47.12631	2.139309	35.87949
白俄罗斯	22.461	18.62	16.523	12.469	12.763	14.265	12.733
德国	671.9969	194.8831	624.2246	647.078	1182.256	1679.559	510.1124
荷兰	3286.774	1176.273	3207.896	2416.587	962.5561	−2393.37	280.5777
波兰	7.95	197.76	150.65	183.21	117.62	166.97	150.29
吉尔吉斯斯坦	6.120169	3.430107	11.44054	6.192207	−1.07213	1.442226	
塔吉克斯坦	2.831407	3.265938	4.540123	2.416163	1.858271	2.208622	2.128097
土库曼斯坦	28.61421	38.30131	30.42968	22.4316	20.85944	19.85147	
乌兹别克斯坦	6.347013	8.08676	10.41199	16.62587	17.97341	6.247027	22.8634
沙特阿拉伯	88.64693	80.11787	81.41027	74.52533	14.18844	42.47085	45.62037
越南	89	92	118	126	141	155	
马来西亚	112.9628	106.1943	98.57162	134.7009	93.6847	85.70094	
柬埔寨	20.68471	18.53471	18.22804	24.75916	27.88084	32.12633	37.06033
老挝	6.813973	8.676461	10.7776	9.352962	16.93081	13.1961	
缅甸	22.54604	21.75015	40.83839	32.78096	40.02425	12.91196	
新加坡	643.8951	686.9847	697.7455	707.2119	977.665	910.3567	1054.656
卡塔尔	−8.40385	10.40385	10.70879	7.739011	9.85989	−21.8626	−28.1264
泰国	159.3596	49.75456	89.27579	28.10184	82.29148	132.0511	63.15808
土耳其	135.63	133.37	192.63	139.29	110.99	130.23	84.3
巴基斯坦	13.33	18.87	16.73	25.76	24.96	17.37	22.18
孟加拉国	26.02962	25.39191	28.31153	23.32725	18.10396	29.40222	15.96754
印度	281.5303	345.7664	440.0949	444.5857	399.6609	421.1745	506.0533

资料来源：世界银行。

表 6-12　六大经济走廊主要国家直接净投资额

六大经济走廊沿线主要国家/地区	2013	2014	2015	2016	2017	2018	2019
中国	-2179.58	-1449.68	-680.986	416.7488	-277.91	-923.385	-581.119
俄罗斯联邦	172.8763	350.5084	152.321	-102.246	81.9958	225.9203	-92.0524
蒙古	-20.1872	-2.30687	-0.82911	41.70878	-14.4574	-19.236	-23.1637
哈萨克斯坦	-80.3438	-46.7457	-32.6145	-137.464	-37.5613	-48.5775	-57.1
白俄罗斯	-19.839	-17.886	-15.457	-11.24	-12.085	-13.713	-13
德国	260.9362	880.1602	684.3279	470.9518	421.9446	95.25294	627.2943
波兰	-42.06	-129.77	-101.52	-43.98	-78.36	-147.89	-112.57
荷兰	871.7442	7.860494	677.0643	105.7151	480.1746	128.4089	499.1183
吉尔吉斯斯坦	-6.19063	-2.30436	-10.0909	-5.78969	0.781439	-1.39268	
塔吉克斯坦	-2.83141	-3.26594	-4.54012	-2.06523	-0.63103	-2.49151	-1.89597
乌兹别克斯坦		-8.04246	-10.3663	-16.5677	-17.8832	-6.22791	-22.8382
沙特阿拉伯	-39.214	-26.158	-27.511	14.83622	58.60756	187.4026	86.22681
越南	-69.44	-80.5	-107	-116	-136.2	-149.02	
马来西亚	21.11932	54.40443	6.848088	-33.7277	-37.6009	-28.5375	
柬埔寨	-20.062	-17.7141	-17.3504	-23.9684	-26.7323	-30.8867	-36.042
老挝	-7.09969	-8.60589	-10.3806	-9.20112	-16.8338	-13.1961	
缅甸	-22.546	-21.7502	-40.8384	-32.781	-40.0242	-12.912	
新加坡	-191.107	-162.21	-245.513	-307.534	-489.365	-612.746	-721.822
卡塔尔	88.61813	57.07967	29.52473	71.28022	7.087912	57.09066	72.62912
泰国	-38.1447	7.662996	-39.3653	105.516	103.0147	80.43417	77.0116
土耳其	-99.27	-62.87	-141.67	-107.91	-83.98	-93.74	-55.07
巴基斯坦	-11.21	-17.65	-16.48	-25.24	-24.44	-17.58	-22.25
孟加拉国	-20.5609	-24.9742	-27.7125	-22.9221	-16.8365	-29.25	-15.9794
印度	-263.881	-228.902	-364.952	-394.113	-288.759	-306.997	-385.044

资料来源：世界银行。

（四）产业升级效应

经济走廊各国经济产业结构、经济发展水平、所处发展阶段均有所不同，中国经济处于基本需求得到满足的初级阶段，经济发展正从由投资和出口拉动的追赶型经济向以提高生产率为目标的创新型经济转型（张家栋，2018），由科技创新推动的产业升级将成为未来十年引领中国经济发展的主引擎，沿线发展中国家同样处于转型发展、产业升级的重要时期。经济走廊沿线各国面临着选择适合产业升级路径嵌入全球价值链的重大课题。六大经济走廊以工业园区、产业园、边境口岸合作、经济特区等多种空间载体的产业合作为平台，形成区域内商品贸易和服务贸易快速发展且能够进行分工合作、优势互补、协同发展的经济开放带。未来一段时期，随着要素在"一带一路"经济走廊内的不断聚集和扩散、区域产业配套能力的提升和产业链分工布局的不断优化，"一带一路"经济走廊沿线国家间产业与产业区段的动态转移、价值链的不断延伸和产业内贸易的持续增加不仅会对沿线国家间产业集群的形成与发展起到积极的促进作用，为中国与沿线国家间价值链的延伸和产业内贸易的持续增加提供新的动力，还会为中国与沿线国家参与和构造区域或全球产业链带来新的机遇、奠定新的基础（中国社会科学院"一带一路"研究系列，"一带一路"机构经济走廊的产业聚集效应，2015）。

中蒙俄经济走廊持续推进，中国与俄罗斯在航天航空、新材料、生物环保、新材料等领域展开合作，加快技术成果转化，以阿里巴巴和京东为代表的两大电商与俄罗斯开展的跨境交易呈现强劲上升趋势，成为两个经济贸易合作的新增长点，同时有效推动了两国在出口结算、基金债券等金融产业方面的合作；国家政府间已达成油气能源输出项目、跨境基础设施建设与维护等战略性合作框架，积极拓展农业投资合作、木材产业转型升级等。中蒙之间也在积极优化贸易产业结构，实现贸易产品多元化，矿产品、农牧产品、电力通信等领域广泛合作，提升了两国产业合作的规模和质量。

新亚欧大陆桥产业优势互补明显，中哈哈萨克斯坦作为传统农业大国、资源大国，新亚欧大陆桥经济走廊建设为中哈两国产业升级带来了新的契机，中国为哈萨克斯坦提供基础设施和装备制造业生产力，通过技能培训、项目支持、金融商业服务，提振了哈萨克斯坦经济，促进其产业转型升级。德国制造业种类齐全，在机械设备制造业处于全球领先地位，同时也是化工产品最主要的出口国，中国和德国合作，一方面可以获取先进技术与管理经验；另一方面可以获取市场优势、技术优势，有利于提升两国产品附加值。

中国-中南经济走廊中，泰中罗勇工业园、东方暹罗工业园、中马钦州产业园、马中关丹产业园、越南龙江工业园、缅甸皎漂经济特区等产业合作园区逐步发展壮大，不仅享受东道国法定优惠政策，还是承接国际产业转移的重要平台。产业工业园区投入生产，不仅带动了当地经济转型发展，更是中国企业实施"走出去"战略、实现对外产业产能合作的重要载体。中国互联网企业不断开拓东南亚电商市场，促进跨境电商和信息基础产业发展，第三方支付机构跨境电子商务成为新的经济增长点。中巴经济走廊发展将逐步向产业合作深化，重点帮助巴方发展制造业，培育自主发展能力，从而增加就业，扩大贸易。同时更加注重改善巴基斯坦民生，让更多的巴基斯坦民众从走廊中受益。中巴双方目前正就瓜达尔新国际机场、职业技术培训中心及友谊医院等走廊项目融资安排进行磋商。孟加拉国和柬埔寨在原材料和劳动力成本方面具有显著优势，中国与柬埔寨和孟加拉国在纺织、服装贸易方面积极展开合作，由中国提供纺织机械、管理技术，发挥优势产业叠加效应。我国与经济走廊沿线国家产业合作空间广阔、具有显著的产业升级效应。

（五）经济联动效应

中国与周边国家共建经济走廊是以新型区域经济模式推动经济全球化的一种方式，可以让发展惠及更多国家和地区。建设经济走廊旨在促进经济要素有序自由流动、资源高效配置和市场深度融合，推动更大范围、更高水平、更深层次的区域合作，共同打造开放、包容、均衡、普惠的区域经济合作框架（杜洪燕，2016）。经济联动表现为丰富人文交流、改善就业民生、深化投资贸易。"一带一路"经济走廊为中国与周边沿线国家的经济联动提供了合作平台，促进区域协调全面发展。

中蒙俄国际人文交流不断创造新的形式和内容，促进了三国教育科技卫生繁荣发展，中国与俄罗斯互相创办了独具特色的"国家年"活动，中国与蒙古国在共同保护非物质文化遗产方面开展学术研讨会、签署相关合作协议。在中巴经济走廊建设等有利因素推动下，巴基斯坦 GDP 平均增长率达到了4.77%，2017—2018 年 GDP 增速达 5.8%，创造 7 万个就业机会。巴基斯坦年吸引国外直接投资额由 6.5 亿美元增长至 22 亿美元，人均年收入由 1334 美元提升至 1641 美元。中巴经济走廊建设启动后，电力装机项目的成功开工与投产，极大缓解了巴基斯坦电网老化和电力短缺问题。中哈霍尔果斯国际边境合作中心是中外共同建立的首个跨境边境合作中心。2018 年，该合作中心接待游客人数达到 122.2 万人次，较上年增长 8%。中国与哈萨克斯坦成立了中哈产能合作基金。孟中印缅经济走廊建设，有效提高了交通运输能力，促进了区域旅游业对外开放和转型升级。

四、 六大经济走廊区域经济一体化建设的实施路径与机制保障

"一带一路"高级别视频会议于 2020 年 6 月 18 日举行，会议发表联合声明强调人类命运共同体的重要意义，提出世界各国团结互助和多边合作是应对未来疫情风险的关键。"一带一路"倡议框架下各国开展多渠道、多层次、全方位沟通磋商，坚持互利共赢，兼顾多方利益，寻求利益与合作的最大公约数。经济走廊作为一种新型区域合作模式，坚持包容性发展，用发展新空间培育发展新动力，用新动力再开拓新空间，拓展基础建设互联互通新空间，塑造区域发展新格局；坚持科技创新引领能源技术变革，调整能源结构建立全球能源互联网，提高世界能源资源配置效率，促进生态环境保护；坚持"政策、规则、标准"三位一体的联通，为互联互通提供机制保障。

（一）六大经济走廊区域经济一体化建设的实施路径

六大经济走廊以沿线中心城市为支撑，以重点经贸产业园区为合作平台，充分发挥中心城市和重点产业园区集聚效应和辐射效应，带动周边中小城市

协同发展，由点连线、由线延伸成集生产、交易、流通一体化的带状经济区域。六大经济走廊积极推进在经济走廊沿线节点城市规划建设一批产业园区和临港、临边、临江物流园区，将园区管理与境外生产要素相结合，使之成为我国加快对外开放和推动"一带一路"建设的重要平台。中外两国政府海外企业在中心城市周边提供配套基础设施建设，降低企业扩张成本，提供具有吸引力的优惠政策，不断优化营商环境；企业积极利用海外市场和当地比较优势发展加工制造、商贸物流、资源利用、农业开发等建设，运用大数据、云计算等信息技术畅通境外产业合作园区产业链。中国企业海外园区和投资更青睐于俄罗斯、哈萨克斯坦、东盟等国家，近邻效应显著，同时边境省份对外投资同样具有区位优势。产业合作园区一般会经历企业空间集聚－产业集聚－多元化发展阶段过程，推动区域经济合作逐步融合，从企业入驻到形成横向垂直产业集聚、横向水平产业集聚，最终实现企业、产业、商业、服务、居住等复合型多元化发展模式，将中国企业优势与东道国产业结构紧密结合，实现产业结构升级、产业链延伸，使各合作方共赢。中白工业园由中白两国合资建设，位于白俄罗斯的明克斯州，占地面积约 80 平方公里，目前是中国最大的海外工业园区，被评为 2019 年全球经济发展最快的经济特区。工业园区立足于高科技与创新，重点发展电子信息、新兴材料、生物医药、机械制造等产业。2020 年，中巴经济走廊首个产业园区拉沙卡伊特别经济区开始正式开始招商，且被作为经济走廊合作框架下产业与园区合作的优先启动项目。

表 6-13　"一带一路"海外产业园区分布主要国家

印度尼西亚	俄罗斯	柬埔寨	老挝	越南
9	8	7	5	5

资料来源：安永报告. 海外产业园区如何开启"一带一路"合作新篇章［J］. 引航（4），2020-7-9.

表 6-14　"一带一路"产业园区主要类型

加工制造	农业产业	多元综合	商贸物流	资源利用	科技研发
23	17	14	11	6	3

资料来源：安永报告. 海外产业园区如何开启"一带一路"合作新篇章［J］. 引航（4），2020-7-9.

"一带一路"和六大经济走廊将是一个动态发展演进过程,从产业集群与经济带到区域价值链、区域生产网络,逐步实现贸易投资便利化、自由化,再从区域价值链、区域生产网络到区域基础设施一体化、区域经济一体化。未来可期,"一带一路"经济走廊的辐射效应、联动效应和一体化框架下的贸易自由化、投资便利化不仅会对沿线国家价值链的延伸起到积极的促进作用,为沿线尤其是发展中国家经济的内生发展提供新的动力,还会为沿线国家由利用比较优势向创造比较优势、由经济走廊向一体化的超越提供一个新的发展范式(王金波,2017)。正是"一带一路"的开放、多元特征决定了其可以容纳更高层次、更大范围的区域经济一体化和区域基础设施一体化进程。

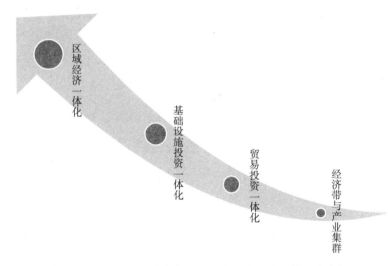

图 6-11　六大经济走廊区域经济一体化建设的实施路径

　　"一带一路"经济走廊基础设施互联互通效应可以释放产业链和供应链的威力,提高地区竞争力,成为促进经济增长的"倍增器"(蓝建学,2013)。基础设施互联互通可有效增加区域经济主体互动的频率,促进知识溢出,从而在更大范围内实现与提升集聚经济效益(Eberts and McMillien1999;Lait et al.2005)。"一带一路"经济走廊贸易创造效应能够加强中国与经济走廊国家之间的贸易依赖度。受益于经济全球化、生产国际化和全球价值链的不断延伸,中国与"一带一路"经济走廊国家间逐步形成了优势互补的贸易格局,贸易培育成为新的合作发展动能。"一带一路"经济走廊的投资促进效应在中国与经济走廊沿线国家间形成了紧密合作的生产网络，推动各国共享基础设施信息、资源和市场，降低交易成本，提高劳动生产率和产业竞争力。"一带一路"经济走廊的产业升级效应有助于"嵌入"全球生产链和价值链，沿线国家经济发展水平相对较低，"嵌入式"发展将是这些国家实现产业升级的重要渠道。沿线走廊国家拥有一定的区位优势和禀赋优势，通过产业链整合将企业横向聚集、纵向延伸，共同推动产业转型升级，通过主导产业的前瞻效应、旁侧效应、回顾效应，带动相关产业的共同发展，使之成为区域经济的增长极（丁阳，2016）。"一带一路"经济走廊经济联动效应将为中国与沿线国家参与和构建全方位、多领域的区域合作带来新的机遇，包括重大规划衔接、基础设施对接、港口航运合作、生态环境联治、产业发展协同、公共服务共享等。

（二）六大经济走廊区域经济一体化建设机制保障

六大经济走廊聚焦于发展这个根本性问题，目标是实现优势互补、扩展发展空间、释放各国发展潜力，推动区域设施联通、成果共享、经济融合发展。六大经济走廊要充分发挥中央、地方和沿线城市多层级的作用，自下而上与自上而下互相促进，多边与双边合作并行，共同构建区域和区域合作机制相结合的多机制、多模式、多路径、多领域的合作框架。六大经济走廊以企业意愿和市场需求为导向，充分发挥政府的引导与推动作用，努力构建政策沟通、信息共享、风险防范与能力建设等服务支持机制，以促进六大经济走廊区域经济一体化的实现。

在中央政府层面，鼓励政府资源与市场化运营方式相结合。政府争取东道国最惠待遇、打造良好的营商环境，构筑现代化运输、仓储、集散、配送、信息处理、流通加工、通关管理的平台，推动各方将人民币作为投资、结算货币，继续实施出口重点规划产业、企业的出口退税，贴息支持优势产业的基础设施建设，降低企业对外投资门槛，鼓励企业在工业园区、跨境经济合作区开展农牧业合作、基础设施建设维护、能源运输、仓储物流等领域投资合作。逐步探索能源合作、金融债券、通讯技术、公共设施等领域民营资本进入。

从地方政府层面，地方政府作为"一带一路"经济走廊主要推动力，以国际陆海贸易通道为契机，推动西南出海大通道建设，积极主动实施开放战略，加快构建"南向、北联、东融、西合"新格局；坚持"走出去"和"引进来"相结合，打造向西开放前沿；支持企业在重点国家节点城市，特别是"一带一路"沿线国家，建立3~5个海外仓，不断扩大出口产品影响力，打造以商流、物流、资金流为核心的连接境内外商贸物流平台的纽带，开创国内外联动发展的全方位开放格局。

从企业层面，建立科学、系统的国际化发展规划与战略流程，加快"走出去"步伐，依托产业园区实现本地化经营，提高产品市场占有率；以产品质量为核心开展创新活动，积极开拓具有竞争优势、高附加值的商品；充分利用海外市场、推广品牌，提升企业规模实力；通过大数据和信息技术了解投资国市场和客户，进一步挖掘和建立全球性的差异化优势。

APPENDIX

附 录

附表 2018—2020 年 8 月中国与"一带一路"国家的政策沟通事件汇总

时间	政策沟通事件	参与国家/地区
2020.8.1	中韩经贸联委会第 24 次会议在山东青岛举行，中韩双方同意推动年内如期签署区域全面经济伙伴关系协定，推进中日韩自贸协定谈判，维护多边贸易体制，共同推动建设开放型世界经济	中国、韩国
2020.7.8	"在德投资合作——新冠肺炎疫情期间及之后的法律、税务和投资要点"线上研讨会圆满举行	中国、德国
2020.6.18	主题为"加强'一带一路'国际合作、携手抗击新冠肺炎疫情"的视频会议圆满举行	白俄罗斯、柬埔寨、智利、中国、埃及、埃塞俄比亚、希腊、匈牙利、印度尼西亚、哈萨克斯坦、肯尼亚、吉尔吉斯斯坦、老挝、马来西亚、蒙古、缅甸、尼泊尔、巴基斯坦、巴布亚新几内亚、塞尔维亚、新加坡、塔吉克斯坦、泰国、阿联酋、乌兹别克斯坦、俄罗斯
2020.4.29	中韩两国举行了联防联控合作机制第二次视频会议，最重要的成果是宣布建立中韩重要商务、物流、生产和技术服务急需人员往来"快捷通道"	中国、韩国
2020.4.7	沙特内阁在当地时间 7 日举行的视频会议上同意核准"一带一路"融资指导原则。该原则是 2017 年首届"一带一路"国际合作高峰论坛的重要成果之一，由包括中国在内的 27 国财政部门共同核准，旨在深化"一带一路"融资合作，推动建设长期、稳定、可持续、风险可控的多元化融资体系	中国、沙特等

续表

时间	政策沟通事件	参与国家/地区
2020.3.17	《中华人民共和国和巴基斯坦伊斯兰共和国关于深化中巴全天候战略合作伙伴关系的联合声明》发表	中国、巴基斯坦
2020.1.18	《中华人民共和国和缅甸联邦共和国联合声明》发表	中国、缅甸
2019.12.4	《中华人民共和国和萨尔瓦多共和国联合声明》发表	中国、萨尔瓦多
2019.12.1	《中华人民共和国政府和巴基斯坦伊斯兰共和国政府关于修订〈自由贸易协定〉的议定书》正式生效	中国、巴基斯坦
2019.11.6—8	"一带一路"税收征管合作机制多边磋商在京举行	中国、哈萨克斯坦等
2019.11.5	中巴经济走廊联委会第九次会议在伊斯兰堡举行	中国、巴基斯坦
2019.11.4	韩正会见哈萨克斯坦第一副总理斯迈洛夫并主持召开中哈合作委员会第九次会议	中国、哈萨克斯坦等
2019.11.4	中国和新西兰宣布正式结束两国之间的自由贸易协定升级谈判	中国、新西兰
2019.11.3	中国－东盟领导人会议发表涉"一带一路"声明	中国、东盟10国
2019.11.1－2	《中华人民共和国商务部与乌兹别克斯坦共和国投资和外贸部关于电子商务合作的谅解备忘录》签署	中国、乌兹别克斯坦
2019.10.16	由中国财政部、联合国拉美经委会、拉美开发银行联合主办的第二届中拉投资与合作高级别论坛在智利圣地亚哥举行	中国、拉美国家

续表

时间	政策沟通事件	参与国家/地区
2019.10.15	中希重点领域 2020—2022 年合作框架计划指导委员会第三次会议召开	中国、希腊
2019.10.14	第六届"一带一路"中德经济对话会在法兰克福举办	中国、德国
2019.10.9	中国与所罗门群岛签署共建"一带一路"谅解备忘录	中国、所罗门群岛
2019.9.16	中俄总理定期会晤委员会第二十三次会议举行	中国、俄罗斯
2019.9.11	中哈签署《关于落实"丝绸之路经济带"建设与"光明之路"新经济政策对接合作规划的谅解备忘录》	中国、哈萨克斯坦
2019.9.9	中奥第三方市场合作工作组第一次会议在京举行	中国、奥地利
2019.9.8	区域全面经济伙伴关系协定（RCEP）第 7 次部长级会议在泰国首都曼谷结束，会议强调要按既定目标在年内结束 RCEP 谈判	东盟 10 国、澳大利亚、中国、印度、日本、韩国、新西兰
2019.9.7	第三次中国 – 阿富汗 – 巴基斯坦外长对话在巴基斯坦伊斯兰堡举行	中国、阿富汗、巴基斯坦
2019.9.5	首届中欧蓝色伙伴关系论坛在布鲁塞尔召开，与会各方就海洋治理、蓝色经济、可持续渔业等议题进行了深入交流	中国、欧盟
2019.9.5	《中国与新加坡关于推广、接受和使用电子证书的谅解备忘录》签署	中国、新加坡
2019.9.4	中国 – 哈萨克斯坦霍尔果斯国际边境合作中心部级协调机制第一次会议在新疆维吾尔自治区霍尔果斯国际边境合作中心召开	中国、哈萨克斯坦

续表

时间	政策沟通事件	参与国家/地区
2019.9.4	中德对话论坛2019年会议在青岛市开幕	中国、德国
2019.8.30	"中柬税务合作机制"在金边成立	中国、柬埔寨
2019.8.28	中哈举行产能与投资合作第十七次对话	中国、哈萨克斯坦
2019.8.27	中乌政府间合作委员会第五次会议在京举行	中国、乌兹别克斯坦
2019.8.22	中俄双方首次发布中俄财长对话联合声明	中国、俄罗斯
2019.8.22	中俄友好、和平与发展委员会2019年中方全体会议在北京召开	中国、俄罗斯
2019.8.21	第九次中日韩外长会在北京举行。会议通过了"中日韩+X"合作概念文件	中国、日本、韩国
2019.8.20—22	由中国铁路总公司主办的中欧班列运输专家工作组第四次会议在连云港市举行	中国、白俄罗斯、德国、蒙古、波兰、哈萨克斯坦、俄罗斯、奥地利、拉脱维亚
2019.8.6	中国倡议主办的亚欧会议亚洲高官会在四川省成都市举行	新加坡、柬埔寨等21个亚洲国家及东盟
2019.8.2	中国-新加坡（重庆）战略性互联互通示范项目联合工作委员会第一次会议在京举行	中国、新加坡
截至2019.7.23	中国与56个"一带一路"沿线国家签署了双边林业合作协议	
2019.7.22	《中华人民共和国科学技术部与阿拉伯联合酋长国总理办公室人工智能办公室关于人工智能科学技术合作的谅解备忘录》签署	中国、阿联酋

时间	政策沟通事件	参与国家/地区
2019.7.22	中国、阿联酋交换《关于共同推动建设"一带一路"草畜一体化产业示范园粮食安全项目的谅解备忘录》	中国、阿联酋
2019.7.22	中国与阿联酋签署《关于推动中阿双边及共同在中东北非地区开展"一带一路"产能与投融资合作的谅解备忘录》	中国、阿联酋
2019.7.19	中国科学院与俄罗斯科学院签署《中国科学院和俄罗斯科学院科学、科研创新合作路线图》，双方将在"一带一路"国际科学组织联盟（ANSO）框架内开展合作	中国、俄罗斯
2019.7.16	中俄经贸合作分委会第二十二次会议举行	中国、俄罗斯
2019.7.13	巴基斯坦计划发展和改革部长巴赫蒂亚尔在伊斯兰堡召开新闻发布会表示，中巴经济走廊的建设对于巴基斯坦经济发展具有里程碑意义，巴基斯坦计划发展和改革部将成立专门的中巴经济走廊事务局，统筹和协调巴基斯坦各部门对中巴经济走廊未来的计划进行实施	中国、巴基斯坦
2019.7.10	首次中意财长对话举行，"一带一路"领航中意务实合作	中国、意大利
2019.7.12	中匈"一带一路"工作组第二次会议举行，推进制定优先合作项目清单	中国、匈牙利
2019.7.11	中欧圆桌会议第十七次会议在上海举办	中国、欧盟
2019.7.10	国务委员兼外长王毅在布拉迪斯拉发同斯洛伐克外长莱恰克举行会谈	中国、斯洛伐克
2019.7.8	阿尔及利亚批准与中国签署的"一带一路"合作备忘录	中国、阿尔及利亚
2019.7.8	第八届世界和平论坛举办	

续表

时间	政策沟通事件	参与国家/地区
2019.7.8	中泰第四轮战略对话在北京举行	中国、泰国
2019.6.24	中国－巴拿马政府间科技创新合作混合委员会第一次会议在巴拿马城召开	中国、巴拿马
2019.6.20	"'一带一路'助力南亚发展与繁荣"国际会议在尼泊尔举行	尼泊尔、中国、印度、巴基斯坦、孟加拉国、菲律宾等
2019.6.17－19	中韩经贸联委会第23次会议、中韩产业园合作协调机制第三次会议举行	中国、韩国
2019.6.18	中共中央政治局委员、中央外事工作委员会办公室主任杨洁篪在北京会见第73届联合国大会主席埃斯皮诺萨	
2019.6.17	中英签署《关于开展第三方市场合作的谅解备忘录》	中国、英国
2019.6.17	第十次中英经济财金对话在英国举行	中国、英国
2019.6.15	中国－俄语国家"丝路电商"政企对话会举行	中国、俄罗斯、白俄罗斯、哈萨克斯坦
2019.6.13	亚投行2019年年会将于7月12日至13日在卢森堡举行,本届年会的主题是"合作与互联"	
2019.6.11	孟中印缅地区合作论坛第十三次会议在玉溪举行	中国、孟加拉国、印度、缅甸
2019.6.11	经中非双方商定,中非合作论坛北京峰会成果落实协调人会议将于6月24日至25日在北京举行	
2019.6.11	王毅会见斐济外长,共商共建共享推进"一带一路"合作	中国、斐济
2019.6.10	第二届中国－南亚合作论坛在云南省玉溪市举行。论坛将发布《中国—南亚经济和社会发展地方合作愿景》文件	中国、南亚国家

续表

时间	政策沟通事件	参与国家/地区
2019.6.4	中蒙签署建设中蒙二连浩特—扎门乌德经济合作区协议	中国、蒙古国
2019.5.31	中国与东盟执政党干部共商"一带一路"、共促减贫合作	中国、东盟10国
2019.4.19	由塞尔维亚贝尔格莱德大学安全学院主办，以"一带一路：塞尔维亚与16+1合作"为主题的国际研讨会在贝尔格莱德召开	中国、塞尔维亚
2019.4.18	吉尔吉斯斯坦与"一带一路"圆桌会议在比什凯克举行	中国、吉尔吉斯斯坦
2019.4.18	"'一带一路'与韩国：合作前景与展望"论坛在首尔举行	中国、韩国
2019.4.14	中日举行第五次经济高层对话	中国、日本
2019.4.12	中日韩自贸区第15轮谈判在东京举行	中国、日本、韩国
2019.4.10	中国政府和克罗地亚政府发表联合声明	中国、克罗地亚
2019.4.9	中巴经济走廊国际合作协调工作组首次会议在京召开	中国、巴基斯坦
2019.4.1—4	中国-秘鲁自贸协定升级第一轮谈判暨中国-秘鲁自贸区委员会第二次会议在京举行	中国、秘鲁
2019.3.21	中印尼"区域综合经济走廊"建设合作联委会召开首次会议	中国、印尼
2019.3.19	中国-伊朗经贸联委会第17次会议在北京举行	中国、伊朗
2019.3.19	中巴经济走廊政党共商机制第一次会议在京举行	中国、巴基斯坦
2019.2.22	第二届中缅经济走廊论坛举行	中国、缅甸
2019.2.21	中国与巴巴多斯签署共建"一带一路"合作谅解备忘录	中国、巴巴多斯

续表

时间	政策沟通事件	参与国家/地区
2019.2.20	普京发表国情咨文：继续推进欧亚经济联盟与"一带一路"对接	中国、俄罗斯
2019.2.18	缅甸实施"一带一路"指导委员会召开首次会议	中国、缅甸
2019.2.15—18	中科召开"丝绸城和五岛"建设合作指导委员会首次会议	中国、科威特
2019.2.14	中国－蒙古自贸协定联合可行性研究第二次会议在京举行	中国、蒙古国
2019.1.25	中国与75个世界贸易组织成员在达沃斯发表《关于电子商务的联合声明》	中国和澳大利亚、日本、新加坡、美国、欧盟、俄罗斯、巴西、尼日利亚、缅甸等共76个世界贸易组织成员
2019.1.16	中国和巴基斯坦同意将2019年定为"巴中产业合作年"	中国、巴基斯坦
2019.1.15	德国汉堡市市长表示汉堡愿把握好"一带一路"倡议巨大机遇	中国、德国
2018.12.17	澜沧江－湄公河合作第四次外长会议召开，澜湄合作未来发展六大方向确定，将打造澜湄流域经济发展带	中国、缅甸、老挝、泰国、柬埔寨、越南
2018.12.9—10	宁吉喆赴阿联酋推动中阿共建"一带一路"重点领域务实合作	中国、阿联酋
2018.12.3	中国和巴拿马签署《关于电子商务合作的谅解备忘录》	中国、巴拿马
2018.12.1	中国和阿根廷签署《关于电子商务合作的谅解备忘录》	中国、阿根廷
2018.11.14	"一带一路"倡议与中越合作研讨会在越南举行	中国、越南
2018.11.14	乌兹别克斯坦提出对接"一带一路"倡议与韩欧战略	中国、乌兹别克斯坦

时间	政策沟通事件	参与国家/地区
2018.11.13	中巴经济走廊与地区互联互通研讨会在伊斯兰堡举行	中国、巴基斯坦
2018.11.12	第四次中阿巴三方务实合作对话在伊斯兰堡举行	中国、阿富汗、巴基斯坦
2018.11.12	中哈举行产能与投资合作第十五次对话	中国、哈萨克斯坦
2018.11.12	中国与新加坡签署《自由贸易协定升级议定书》	中国、新加坡
2018.11.8	中法第三方市场合作指导委员会第二次会议召开，会后，双方签署了中法第三方市场合作新一轮示范项目清单	中国、法国
2018.11.3	李克强总理同巴基斯坦总理会谈：打造更紧密的中巴命运共同体	中国、巴基斯坦
2018.10.18	中国与17国发布建立"一带一路"能源合作伙伴关系部长联合宣言	中国、阿尔及利亚、阿塞拜疆、阿富汗、玻利维亚、赤道几内亚、伊拉克、科威特、老挝、马耳他、缅甸、尼泊尔、尼日尔、巴基斯坦、苏丹、塔吉克斯坦、土耳其、委内瑞
2018.10.18—19	第十二届亚欧首脑会议在比利时布鲁塞尔举行。	来自亚洲和欧洲51个国家
2018.10.10	"'一带一路'国际商事调解论坛暨'一带一路'国际商事调解中心调解规则评议研讨会"在罗马举行，会议签署并发布了对"一带一路"国际商事调解具有重要指导意义的里程碑式文件《罗马宣言》	由来自亚洲、欧洲、美洲和非洲的12个国家
2018.9.25	中日第三方市场合作工作机制第一次会议在北京举行	中国、日本

续表

时间	政策沟通事件	参与国家/地区
2018.9.19	中国与格林纳达签署共建"一带一路"谅解备忘录	中国、格林纳达
2018.9.19	欧盟公布欧亚互联互通政策文件《连接欧洲和亚洲——对欧盟战略的设想》	中国、欧盟
2018.9.16	中国－越南双边合作指导委员会第十一次会议在胡志明市举行	中国、越南
2018.9.12	澜湄国家产能合作联合工作组第三次司局级会议在广西南宁召开	
2018.9.11	中缅经济走廊联合委员会第一次会议在北京召开	中国、缅甸
2018.9.10	英国议会跨党派"一带一路"和中巴经济走廊小组成立仪式在伦敦举行	中国、英国
2018.9.8—9	第二届"中拉文明对话"研讨会在江苏南京召开。会议聚焦"一带一路：中拉文明对话之路"	中国和来自拉美的12个国家
2018.8.28	中国与秘鲁外交部第十次政治磋商在京举行	中国、秘鲁
2018.8.26	王毅同老挝外长会谈：中老共建"一带一路"已形成新格局	中国、老挝
2018.8.26	习近平主席会见巴西总统特梅尔：积极探讨"一带一路"同"投资伙伴计划"对接	中国、巴西
2018.8.24	中泰贸易畅通工作组成立并召开第一次会议	中国、泰国
2018.8.23	中蒙外长会谈达成七项共识，加快"一带一路"同"发展之路"对接落地	中国、蒙古国
2018.8.22	王毅会见菲律宾政府代表团：希望菲方更加积极参与共建"一带一路"	中国、菲律宾

时间	政策沟通事件	参与国家/地区
2018.7.26	习近平主席会见土耳其总统埃尔多安：推进"一带一路"重要合作项目尽早落地	中国、土耳其
2018.7.26	习近平总书记会见阿根廷总统马克里：推进共建"一带一路"	中国、阿根廷
2018.7.24	习近平同南非总统会谈：加强在"一带一路"和中非合作论坛框架内合作	中国、南非
2018.7.18	李克强会见马来西亚总理特使：将"一带一路"倡议同马方发展战略更好对接	中国、马来西亚
2018.7.11	王毅同利比亚团结政府外长会谈，签署共建"一带一路"谅解备忘录	中国、利比亚
2018.7.11	王毅同突尼斯外长举行会谈，中突签署共建"一带一路"谅解备忘录	中国、突尼斯
2018.6.29	王毅与孟加拉外长共见记者：推进自贸协定可行性研究	中国、孟加拉国
2018.6.27	突尼斯外长7月访华，称期间将正式宣布加入"一带一路"	
2018.6.22—25	由商务部主办的"2018年发展中国家行业协会（商会）管理官员赴粤考察暨经贸合作交流会"在广州举办	埃及、约旦、埃塞俄比亚、巴基斯坦等23个发展中国家
2018.6.19	中国与联合国签署关于开展"一带一路"空间信息走廊合作意向宣言	中国、联合国
2018.5.31	泰国东部经济走廊中国－日本第三方市场合作国际研讨会在曼谷举行	中国、日本、泰国
2018.5.29	王毅同玻利维亚外长举行会谈：在"一带一路"框架下拓展务实合作	中国、玻利维亚
2018.5.27	第二届中拉政党论坛声明："一带一路"将为中拉国家合作搭建新平台	中国、拉美加勒比国家
2018.5.20	王毅会见荷兰外交大臣布洛克：在"一带一路"框架下加强各领域合作	中国、荷兰

续表

时间	政策沟通事件	参与国家/地区
2018.5.20	王毅与阿根廷外长会谈：探讨"一带一路"倡议同阿根廷国家发展战略对接	中国、阿根廷
2018.4.25	"一带一路"倡议下的南南合作研讨会在北京召开	
2018.4.24	王毅分别同塔、乌、哈外长举行会谈：推动"一带一路"合作	中国、塔吉克斯坦、乌兹别克斯坦、哈萨克斯坦
2018.4.13—15	韩总统特使访华，欲推动"新北方政策"与"一带一路"接轨	中国、韩国
2018.4.2	中国国家知识产权局与老挝科技部一致同意将正式建立中老知识产权双边合作关系，并签署首份知识产权领域合作谅解备忘录	中国、老挝
2018.3.26	韩正会见世界银行首席执行官：围绕"一带一路"倡议加强国际发展合作	
2018.2.9	王毅与印尼外长共同会见记者：推进区域一体化构建新型国际关系	中国、印尼
2018.2.8	中国－非盟第七次战略对话举行，中非要开展全方位宽领域多层次合作	
2018.2.7	白俄罗斯与拉脱维亚两国总理会晤积极响应"一带一路"倡议	白俄罗斯、拉脱维亚
2018.2.5—6	中越两国副外长举行磋商积极推进"一带一路"同"两廊一圈"对接	
2018.1.31	王毅会见阿联酋国务部长：打造共建"一带一路"样板工程	中国、阿联酋

参考文献

[1] Benassy, J. P. NonclearingMarkets: MicroeconomicConcepts and Macroeconomic Applications. Journal of Economic Literature. 1993, Vol. 31: 732 −761.

[2] Bryant, J. A Simple Rational Expectations Keynes − Type Model. Quarterly Journal of Economics. 1983, Vol. 98: 525 −528.

[3] Buttonwood. GlobalisationBacklash 2.0. Available from: https://www.economist.com/blogs/buttonwood/2016/07/economics − and − politics − 0. 2016.

[4] Calderon, C., Liu, L. The Direction of Causality between Financial Development and EconomicGrowth. Journal ofDevelopment Economics. 2003, Vol. 72: 321 −334.

[5] Chatterjee, S., Cooper, R., Ravikumar, B. Strategic Complementarity in Business Formation: Aggregate Fluctuations and Sunspot Equilibria. Review of Economic Studies. 1993, Vol. 60: 795 −811.

[6] Cœuré, B. The Internationalisation of Monetary Policy. Journal of International Money and Finance. 2016, Vol. 67: 8 −12.

[7] Cooper, R., John, A. Coordinating Coordination Failures in Keynesian Model. Quarterly Journal ofEconomics. 1988, Vol. 103: 441 −463.

[8] Djelic, M. L., Quack, S. Transnationalcommunities: Shaping global economic governance. Cambridge University Press, 2010.

[9] Donaldson, D. Railroads of the Raj: Estimating the Impact of Transportation Infrastructure. American Economic Review, forthcoming 2016.

[10] Diamond, P. Aggregate Demand Management in Search Equilibrium. Journal of Political Economy. 1982, Vol. 90: 881 −94.

[11] Dunning, J. The Eclectic Paradigm of International Production: A Restatement

and Some PossibleExtensions. Journal of International Business Studies. 1988, Vol. 19: 1 – 31.

[12] Eichengreen, B. Currency War or International Policy Coordination. Journal of Policy Modeling. 2013, Vol. 35: 425 – 433.

[13] Feenstra, R. C., Li, Z., Yu, M. Exports and Credit Constraints Under Incomplete Information: Theory and Evidence from China. NBER Working Paper Series. 2011, No. 16940.

[14] Friedman, T. The Lexus and the Olive Tree: Understanding Globalization. New York: Farrar Straus Giroux 1999.

[15] Gries, T., Kraft, M., Meierrieks, D. Linkages between Financial Deepening, Trade Openness and Economic Development: Causality Evidence from Sub – Saharan Africa. World Development. 2009, Vol. 37: 1849 – 1860.

[16] Hai YueLiu, Ying KaiTang. The Determinants of Chinese Outward FDI in Countries Along "One Belt One Road". Emerging Markets Finance & Trade. 2017, Vol. 53: 1374 – 1387.

[17] Hassan, M. K., Sanchez, B., Yu Jung – Suk. Financial Development and Economic Growth: New Evidence from Panel Data. Quarterly Review of Economics and Finance. 2011, Vol. 51: 88 – 104.

[18] Hobson, J. A. Imperialism: A Study. New York: JamesPott Company 1938.

[19] Hymer, S. On Multinational Corporations and Foreign Direct Investment. Doctoral Thesis at MIT 1960.

[20] Inmaculada, M., Celestino, S. Transport Costs and Trade: Empirical Evidence Imported for Latin America Imports from the European Union. Journal of International Trade and Economic Development. 2005, Vol. 14: 353 – 371.

[21] Kaufman, G. M. Statistical Diction and Related Techniques in Oil and Exploration. New York Prentice – hall 1963.

[22] Krugman, P. History versus Expectations. Quarterly Journal of Economics 1991, Vol. 106: 651 – 667.

［23］ Leng, A. , Friesen, L. , Kalayci, K. , Man, P. A Minimum Effort Coordination Game Experiment in Continuous Time. Working Paper 2016.

［24］ Manova, K. Credit Constraints, Heterogeneous Firms, and International Trade. Review ofEconomic Studies. 2013, Vol. 80: 711 – 744.

［25］ Matsuyama, K. Increasing Returns, Industrialization, and Indeterminacy of Equilibrium. Quarterly Journal of Economics. 1991, Vol. 106: 617 – 650.

［26］ Mazarr, M. J. The Once and Future Order: What Comes after Hegemony. Foreign Affairs Review 2017.

［27］ McKinnon, R. Money and Capital in Economic Development. Brookings Institution 1973.

［28］ McKinsey Global Institute. Poorer Than Their Parents? A New Perspective on Income Inequality 2016.

［29］ Menyah, K. , Nazlioglu, S. , Wolde – Rufael, Y. Financial Development, Trade Openness and Economic Growth in African Countries: New Insights from a Panel Causality Approach. Economic Modelling. 2014, Vol. 37: 386 – 394.

［30］ Morris, S. , Shin H. S. The Social Value of Public Information. American Economic Review. 2002, Vol. 92: 1521 – 1534.

［31］ Murphy, K. M. , Shleifer, A. , Vishny, R. W. Industrialization and the Big Push. Journal of Political Economy. 1989, Vol. 97: 1003 – 1026.

［32］ Niblett, R. Liberalism in Retreat: The Demise of a Dream. Foreign Affairs Review 2017.

［33］ Pande, R. Profits and Politics: Coordinating Technology Adoption in Agriculture. Working Paper 2005.

［34］ Rodrik, D. Coordination Failures and Government Policy: A Model with Applications to East Asia and Eastern Europe. Journal of International Economics. 1996, Vol. 40: 1 – 22.

［35］ Ronald Findlay, Kevin H. O. Rourke. Commodity Market Integration, 1500 –

2000. NBER Working Paper 8579, 2001, November.

[36] Russett, B. The Mysterious Case of Vanishing Hegemony; or, Is Mark Twain Really Dead. International Organization. 1985, Vol. 39 (2): 207 – 231.

[37] Sahay, R., Cihák, M., Adolfo, N. P. Rethinking Financial Deepening: Stability and Growth in Emerging Markets. IMF Working Paper, 2015. No. SDN/15/08.

[38] Shepherd, B., Wilson, J. S. Trade Facilitation in ASEAN Member Countries: Measuring Progress and Assessing Priorities. Journal of Asian Economics. 2009, Vol. 20: 367 – 383.

[39] Snidal, D. The Limits of Hegemonic Stability Theory. International Organization. 1985, Vol. 39 (4): 579 – 614.

[40] Stiglitz, J. Some Lessons from the East Asian Miracle. World Bank Research Observer. 1996, Vol. 11: 151 – 177.

[41] Stiglitz, J., Greenwald, B. Creating A Learning Society: A New Approach to Growth, Development and Social Progress. New York, Columbia University Press, 2014.

[42] Tchakarov, I. The Gains from International Monetary Cooperation Revisited. IMF Working Paper 2004.

[43] Wallerstein, I. The Modern World – System II: Mercantilism and the Consolidation of the European World – Economy, 1600 – 1750. Berkeley: University of California Press.

[44] Wilson, J. S., Mann, C. L., Otsuki, T. Assessing the Benefits of Trade Facilitation: A Global Perspective. World Economy. 2005, Vol. 28: 841 – 871.

[45] Woods, N. Governing the global economy: strengthening multilateral institutions. Foreign Affairs Review 2008.

[46] WTO. WTO Trade Monitoring Report 2016. 2016.

[47] WTO. World Trade Statistical Review 2017. 2017.

[48] WTO. WTO Trade Monitoring Report 2017. 2017.

［49］World Economic Forum，The Global Competitiveness Report 2018．

［50］［英］艾瑞克·霍布斯鲍姆．帝国的年代：1875—1914［M］．贾士蘅，译．北京：中信出版社，2017．

［51］［英］艾瑞克·霍布斯鲍姆．极端的年代：1914—1991［M］．郑明萱，译．北京：中信出版社，2017．

［52］［美］巴里·埃森格林．资本全球化：一部国际货币体系史［M］．麻勇爱，译．北京：机械工业出版社，2014．

［53］［英］保罗·肯尼迪．大国的兴衰（上）：1500—2000 年的经济变革与军事冲突［M］．王保存，等，译，北京：中信出版社，2013．

［54］白永秀，宁启．创立"一带一路"经济学的可行性研究［J］．兰州大学学报，2017（3）．

［55］白云真．"一带一路"倡仪与中国对外援助转型［J］．世界经济与政治，2015（11）．

［56］保建云．论"一带一路"建设给人民币国际化创造的投融资机遇、市场条件及风险分布［J］．天府新论，2015（1）．

［57］保健云．论我国"一带一路"海外投资的全球金融影响、市场约束及"敌意风险"治理［J］．中国软科学，2017（3）．

［58］包群，阳佳余．金融发展影响了中国工业制成品出口的比较优势吗？［J］．世界经济，2008（3）．

［59］巴曙松，王志峰．"一带一路"沿线经济金融环境与我国银行业的国际化发展战略［J］．兰州大学学报（社会科学版），2015（5）．

［60］北京大学"一带一路"五通指数研究课题组．"一带一路"沿线国家五通指数报告［M］．北京：经济日报出版社，2016．

［61］蔡霞．"一带一路"贸易便利化对沿线国家的影响研究［J］．商业经济研究，2020（17）．

［62］蔡宇平．论西方市场失灵理论的局限性［J］．财政研究，2000（8）．

［63］曹忠祥．中巴经济走廊建设的经验与启示［J］．中国经贸导刊，2019（20）．

［64］常非凡．理解与推进民心相通 建构人类命运共同体［J］．人民论坛·学术前沿，2018（22）．

［65］陈德铭．经济危机与规则重构［M］．北京：商务印书馆，2014．

［66］陈东晓，叶玉．全球经济治理：新挑战与中国路径［J］．国际问题研究，2017（1）．

［67］陈宏，程健．"一带一路"建设与中国自贸区战略协同对接的思考［J］．当代经济管理，2019（1）．

［68］陈继勇，陈大波．贸易开放度、经济自由度与经济增长——基于中国与"一带一路"沿线国家的分析［J］．武汉大学学报（哲学社会科学版），2017（3）．

［69］陈继勇，刘燚爽．"一带一路"沿线国家贸易便利化对中国贸易潜力的影响［J］．世界经济研究，2018（9）．

［70］陈继勇，李知睿．中国对"一带一路"沿线国家直接投资的风险及其防范［J］．经济地理，2018（12）．

［71］陈伟光，刘彬．全球经济治理的困境与出路：基于构建人类命运共同体的分析视阈［J］．天津社会科学，2019（2）．

［72］陈伟光，申丽娟．全球治理和全球经济治理的边界：一个比较分析的框架［J］．战略决策研究，2014（1）．

［73］陈伟光，王燕．全球经济治理制度性话语权：一个基本的理论分析框架．社会科学，2016（10）．

［74］崔琪涌，张源，王胜．"一带一路"国际宏观经济政策协调：机制基础与中国角色［J］．经济学家，2020（8）．

［75］崔文瑞，张武浩．"一带一路"建设下中国与沿线各国金融合作研究［J］．西部金融，2017（1）．

［76］陈岩．"一带一路"倡议下中蒙俄经济走廊合作开发路径探析［J］．社会科学辑刊，2015（6）．

［77］陈耀．"一带一路"倡议的核心内涵与推进思路［J］．中国发展观察，2015（1）．

[78] 储殷，高远. 中国"一带一路"倡议定位的三个问题 [J]. 国际经济评论，2015（2）.

[79] 程中海，冯梅，袁凯彬. "一带一路"背景下中国对中亚区域 OFDI 的能源进口贸易效应 [J]. 中国软科学，2017（3）.

[80] 戴翔，宋婕. "一带一路"有助于中国重构全球价值链吗 [J]. 世界经济研究，2019（11）.

[81] 邓富华，贺歌，姜玉梅. "一带一路"沿线国家外资政策协调对中国对外直接投资的影响——基于双边、多边政策协调的分析视角 [J]. 经济与管理研究，2019（12）.

[82] 邓宁. 金融开放与经济增长的关系研究——基于金融发展视角的经验证据 [J]. 科学经济社会，2018（4）.

[83] 董雪兵，朱西湖，周伟，赖普清，陈志新. 重视风险防控和安全保障为"一带一路"建设护航 [J]. 紫光阁，2017（5）.

[84] 董宇坤，白暴力. "一带一路"倡议的政治经济学分析——马克思主义政治经济学的丰富与发展 [J]. 陕西师范大学学报（哲学社会科学版），2017（3）.

[85] 段宇平，吴昊. 中国全球能源投资分析 [J]. 中外能源，2015（3）.

[86] 杜婕，张墨竹. "一带一路"倡议对绿色金融发展的促进作用研究 [J]. 吉林大学社会科学学报，2019（3）.

[87] 方爱华. "一带一路"倡议与自贸区战略的互动研究 [J]. 改革与战略，2017（8）.

[88] 方慧，赵甜. 文化差异与商品贸易：基于"一带一路"沿线国家的考察 [J]. 上海财经大学学报，2017（3）.

[89] 方英，马芮. 中国与"一带一路"沿线国家文化贸易潜力及影响因素：基于随机前沿引力模型的实证研究 [J]. 世界经济研究，2018（1）.

[90] 方文. 中老经济走廊建设论析 [J]. 太平洋学报，2019（3）.

[91] 范锡文，宋周. 马克思经济全球化思想与"一带一路"倡议的思考 [J]. 人民论坛，2016（14）.

[92] 范祚军,温健纯.基于资金融通视角的"一带一路"金融切入 [J].区域金融研究,2016 (7).

[93] 冯宗宪,李刚."一带一路"建设与周边区域经济合作推进路径,西安交通大学学报(社会科学版),2015 (6).

[94] 高柏.全球化逆转的因果机制是什么.载王辉耀、苗绿主编,全球化VS逆全球化:政府与企业的挑战与机遇 [M].北京:东方出版社,2017.

[95] 葛纯宝,于津平."一带一路"沿线国家贸易便利化与中国出口——基于拓展引力模型的实证分析 [J].国际经贸探索,2020 (9).

[96] 郭菲菲,黄承锋.PPP模式存在的问题及对策——基于"一带一路"沿线国家的分析 [J].重庆交通大学学报(社会科学版),2016 (5).

[97] 国务院发展研究中心课题组.未来15年国际经济格局变化和中国战略选择 [J].管理世界,2018 (12).

[98] 国务院发展研究中心一带一路课题组."一带一路"经济走廊:繁荣与畅通 [J].北京:中国发展出版社,2018.

[99] 高虎城.促进全球发展合作的中国方案 [N].人民日报,2015-9-18.

[100] 郭惠君."一带一路"背景下中国与中亚地区的投资合作——基于交通基础设施投资的视角 [J].国际经济合作,2017 (2).

[101] 高荣伟."一带一路"建设面临的风险及对策 [J].风险管理,2015 (6).

[102] 郭天宝,杨丽彬.浅析"一带一路"建设对沿线国家的影响及政策建议 [J].对外经贸,2015 (12).

[103] 辜胜阻,吴沁沁,王建润.新型全球化与"一带一路"国际合作研究 [J].国际金融研究,2017 (8).

[104] 黄河.公共产品视角下的"一带一路" [J].世界经济与政治,2015 (6).

[105] 黄华华,赵凯,徐圣翔."一带一路"倡议与沿线国家贸易畅通——基于2006—2018年中国对外贸易的双重差分检验 [J].调研世界,

2020（5）.

[106] 胡键．全球治理的价值问题研究，社会科学，2016（10）.

[107] 胡俊超，王丹丹．"一带一路"沿线国家国别风险研究［J］．经济问题，2016（5）.

[108] 胡再勇，付韶军，张璐超．"一带一路"沿线国家基础设施的国际贸易效应研究［J］．数量经济技术经济研究，2019（2）.

[109] 何立峰．加强政策沟通做好四个对接共同开创"一带一路"建设新局面［J］．宏观经济管理，2017（6）.

[110] ［美］亨利·基辛格．大外交［M］．顾淑馨，等，译．海南：海南出版社，2012.

[111] ［美］亨利·基辛格．世界秩序［M］．胡利平，等，译．北京：中信出版社，2015.

[112] 黄立群．"一带一路"贸易畅通策略研究［J］．国际贸易，2016（8）.

[113] 何茂春，田斌．"一带一路"的先行先试：加快中蒙俄经济走廊建设［M］．国际贸易，2016（12）.

[114] 何茂春，郑维伟．"一带一路"倡议构想从模糊走向清晰——绿色、健康、智力、和平丝绸之路理论内涵及实现路径［J］．新疆师范大学学报，2017（6）.

[115] 何茂春，张冀兵．等．"一带一路"倡议面临的障碍与对策［J］．新疆师范大学学报（哲学社会科学版），2015（3）.

[116] 黄仁伟．全球经济治理机制变革与金砖国家崛起的新机遇［J］．国际关系研究，2013（1）.

[117] 何文彬．中国－中亚－西亚经济走廊的战略内涵及推进思路［J］．亚太经济，2017（1）.

[118] 何文彬．论"中国－中亚－西亚经济走廊"建设推进中的基础与障碍［J］．经济体制改革，2017（3）.

[119] 黄卫平．"一带一路"倡议下的中国对欧投资研究［J］．中国流通经济，2016（1）.

［120］黄先海，陈航宇．"一带一路"的实施效应研究——基于 GTAP 的模拟分析［J］．社会科学战线，2016（5）．

［121］胡颖．利用 CAREC 机制促进"一带一路"贸易便利化建设［J］．国际经济合作，2016（4）．

［122］韩永辉，邹建华．"一带一路"背景下的中国与西亚国家贸易合作现状和前景展望［J］．国际贸易，2014（8）．

［123］蒋闯，周进生，王伟．"一带一路"背景下中国海外石油项目风险评价研究［J］．商业经济研究，2016（9）．

［124］姜慧，孙玉琴．中国 OFDI，东道国基础设施建设与双边经济增长——基于"一带一路"东道国制度的视角［J］．经济理论与经济管理，2018（12）．

［125］揭红兰．科技金融、科技创新对区域经济发展的传导路径与实证检验［J］．统计与决策，2020（1）．

［126］金玲．"一带一路"：中国的马歇尔计划？［J］．国际问题研究，2015（1）．

［127］蒋圣力．论"一带一路"倡议背景下的国际贸易争端解决机制的建立［J］．云南大学学报（法学版），2016（1）．

［128］［英］卡尔·波兰尼．巨变：当代政治与经济的起源［M］．黄树民，译．北京：社会科学文献出版社，2017．

［129］科林·弗林特，张晓通．"一带一路"与地缘政治理论创新［J］．外交评论，2016（3）．

［130］孔庆峰，董虹蔚．"一带一路"国家的贸易便利化水平测算与贸易潜力研究［J］．国际贸易问题，2015（12）．

［131］匡贤明．"一带一路"在我国经济新格局中的战略地位［J］．视角，2015（1）．

［132］刘百花．亲周期性与国际政策协调的可行性研究——兼论我国实施 Basel Ⅱ 的相关问题［J］．财经研究，2003（9）．

［133］刘海猛，胡森林，方恺，何光强，马海涛，崔学刚．"一带一路"沿

线国家政治－经济－社会风险综合评估及防控［J］．地理研究，2019（12）．

［134］刘宇，吕郢康，全水萍．"一带一路"倡议下贸易便利化的经济影响——以中哈贸易为例的 GTAP 模型研究［J］．经济评论，2016（6）．

［135］［美］罗伯特·基欧汉．霸权之后：世界政治经济中的合作与纷争［M］．苏长和，等，译．北京：上海人民出版社，2016.

［136］李丹，崔日明．"一带一路"倡议与全球经贸格局重构［J］．经济学家，2015（8）．

［137］李芳芳，张倩，程宝栋，熊立春，侯方淼．一带一路"倡议背景下的全球价值链重构［J］．国际贸易，2019（2）．

［138］李光辉．"一带一路"倡议对中国经济的重要意义［J］．紫光阁，2015（6）．

［139］李婧．人民币国际化与"一带一路"建设：公共产品提供的视角［J］．学海，2016（1）．

［140］李楠．"一带一路"倡议支点——基础设施互联互通探析［J］．企业经济，2015（8）．

［141］李向阳．论"一带一路"的发展导向及其特征［J］．经济日报，2019－4－25．

［142］李晓霞．全球经济治理的"替代性"选择还是"另一种"选择？［J］．社会主义研究，2019（2）．

［143］李笑影，李玲芳．互联网背景下应对"一带一路"贸易风险的机制设计研究［J］．中国工业经济，2018（12）．

［144］李研．努力实现"五通"交流合作 积极促进"一带一路"建设——党的十九大后"一带一路"倡议新的挑战和对策［J］．理论与现代化，2018（2）．

［145］李艳．贸易便利化对我国经济增长的影响研究——基于"一带一路"背景［J］．技术经济与管理研究，2020（9）．

［146］李燕云，林发勤，纪珽．合作与争端：中国与"一带一路"国家间贸

易政策协调 [J]. 国际贸易, 2019 (4).

[147] 李振福, 陈雪, 邓昭, 史晓梅. 经济贸易互联互通实践: "一带一路"
的实施效果评价 [J]. 国际贸易, 2019 (7).

[148] 隆国强. 推进"一带一路"要有机遇意识、风险意识和平等互利意识
[J]. 中国发展观察, 2015 (9).

[149] 隆国强. 扎实推进"一带一路"合作 [J]. 国家行政学院学报, 2016
(1).

[150] 隆国强. 全球经济治理变革的三个判断 [J]. 国际经济评论, 2017
(3).

[151] 隆国强, 张琦, 王金照, 赵福军. 中国应对国际经济格局变化的战略
选择 [J]. 中国发展观察, 2019 (2).

[152] 卢锋, 李昕, 等. 为什么是中国? ——"一带一路"的经济逻辑
[J]. 国际经济评论, 2016 (4).

[153] 卢光胜, 金珍. "一带一路"框架下大湄公河次区域合作升级版 [J].
国际展望, 2015 (5).

[154] 卢静. 全球经济治理体系变革与中国的角色 [J]. 当代世界, 2019
(4).

[155] 刘洪铎, 李文宇, 陈和. 文化交融如何影响中国与"一带一路"沿线
国家的双边贸易往来——基于1995—2013年微观贸易数据的实证检验
[J]. 国际贸易问题, 2016 (2).

[156] 刘晔. 新型经济全球化与国际经济新秩序的构建 [J]. 管理学刊,
2019 (2).

[157] 柳建文. "一带一路"背景下国外非政府组织与中国的国际区域合作
[J]. 外交评论, 2016 (5).

[158] 柳建文. "一带一路"背景下我国国际次区域合作问题研究 [J]. 国
际论坛, 2017 (3).

[159] 李凌飞. 基于"一带一路"倡议背景下国际贸易争端解决机制的建立
[J]. 经营管理者, 2017 (4).

[160] 李楠．"一带一路"倡议支点——基础设施互联互通探析［J］．企业经济，2015（8）．

[161] 李青，韩永辉．"一带一路"区域贸易治理的文化功用：孔子学院证据［J］．改革，2016（12）．

[162] 李诗和，徐玖平．以"忠恕之道"实现"一带一路"建设的民心相通［J］．青海社会科学，2016（6）．

[163] 柳思思．"一带一路"：跨境次区域合作理论研究的新进路［J］．南亚研究，2014（2）．

[164] 刘卫东．"一带一路"倡议的科学内涵与科学问题［J］．地理科学进展，2015（5）．

[165] 卢伟，公丕萍，李大伟．中国－中南半岛经济走廊建设的主要任务及推进策略［J］．经济纵横，2017（2）．

[166] 李文宇，刘洪铎．多维距离视角下的"一带一路"构建——空间、经济、文化与制度［J］．国际经贸探索，2016（6）．

[167] 李向阳．国际经济规则的形成机制［J］．世界经济与政治，2006（9）．

[168] 李向阳．构建"一带一路"需要优先处理的关系［J］．国际经济评论，2015（1）．

[169] 李向阳．跨太平洋伙伴关系协定与"一带一路"之比较［J］．世界经济与政治，2016（9）．

[170] 李向阳．建构新型区域经济合作机制［J］．人民日报，2016－9－7．

[171] 李向阳．"反全球化"背景下中国引领经济全球化的成本与收益［J］．中国工业经济，2017（6）．

[172] 李向阳．"一带一路"面临的突出问题和出路［J］．国际贸易，2017（4）．

[173] 李向阳．"一带一路"：区域主义还是多边主义？［J］．世界经济与政治，2018（3）．

[174] 李向阳．亚洲区域经济一体化的"缺位"与"一带一路"的发展导向

[J]．中国社会科学，2018（8）．

[175] 李晓，李俊久．"一带一路"与中国地缘政治经务成略的重构[J]．世界经济与政治，2015（10）．

[176] 李秀敏，潘宁．习近平"一带一路"倡议对世界历史理论的创新[J]．领导之友，2017（2）．

[177] 李迎旭．"一带一路"倡议下中国与南亚贸易的合作基础、推进机会与实现机制[J]．甘肃社会科学，2016（3）．

[178] 李宇，郑吉，金雪婷，王喆，李泽红，赵敏燕．"一带一路"投资环境综合评估及对策[J]．中国科学院院刊，2016（6）．

[179] 罗煜，王芳，陈熙．制度质量和国际金融机构如何影响 PPP 项目的成效——基于"一带一路"46 国经验数据的研究[J]．金融研究，2017（4）．

[180] 罗雨泽．统筹推进六大经济走廊建设[J]．开放导报，2019（1）．

[181] 吕越，陆毅，吴嵩博，王勇．一带一路"倡议的对外投资促进效应——基于 2005—2016 年中国企业绿地投资的双重差分检验[J]．经济研究，2019（9）．

[182] 吕越，盛斌．融资约束是制造业企业出口和 OFDI 的原因吗？——来自中国微观层面的经验证据[J]．世界经济研究，2015（9）．

[183] 廖泽芳，李婷，程云洁．中国与"一带一路"沿线国家贸易畅通障碍及潜力分析[J]．上海经济研究，2017（1）．

[184] 廖泽芳，宁凌．21 世纪海上丝绸之路之中国与东盟贸易畅通——基于引力模型的实证考察[J]．经济问题，2015（12）．

[185] 李自磊，张云，李宝伟．不对称冲击条件下的货币政策国际协调[J]．郑州大学学报，2013（6）．

[186] 刘作奎，陈思杨．"一带一路"欧亚经济走廊建设面临的风险与应对[J]．国际经济评论，2017（2）．

[187] 刘宗义．中巴经济走廊建设：进展与挑战[J]．国际问题研究，2016（3）．

［188］刘志中，崔日明．全球贸易治理机制演进与中国的角色变迁［J］．经济学家，2017（6）．

［189］马东．全球区域经济合作新形势下中国实施"一带一路"倡议的对策［J］．改革与战略，2016（12）．

［190］马光红，鲍铖奕，单而芳．基于演化博弈的"一带一路"PPP基础设施合作稳定性分析［J］．上海大学学报（自然科学版），2019（4）．

［191］马莉莉，张亚斌，王瑞．丝绸之路经济带：一个文献综述［J］．西安财经学院学报，2014（4）．

［192］马昀．"一带一路"建设中的风险管控问题［J］．政治经济学评论，2015（4）．

［193］门洪华．"一带一路"与中国—世界互动关系［J］．世界经济与政治，2019（5）．

［194］孟庆强．中国对"一带一路"沿线国家直接投资动机的实证研究［J］．工业经济论坛，2016（2）．

［195］毛艳华．"一带一路"对全球经济治理的价值与贡献［J］．人民论坛，2015（6）．

［196］穆沙江·努热吉．"一带一路"经济走廊陆路节点口岸产业发展潜力及路径［J］．中国流通经济，2020（2）．

［197］倪楠．构建"一带一路"贸易纠纷在线非诉讼解决机制研究［J］．人文杂志，2017（1）．

［198］聂娜．中国参与共建"一带一路"的对外投资风险来源及防范机制［J］．当代经济管理，2016（9）．

［199］庞中英．动荡中的全球治理体系：机遇与挑战［J］．当代世界，2019（4）．

［200］裴长洪．全球经济治理、公共品与中国扩大开放［J］．经济研究，2014（3）．

［201］申兵，卢伟，孙伟，等．"一带一路"建设将推动全球经济治理体系变革［J］．紫光阁，2017（4）．

［202］潘志平．"一带一路"愿景下设施联通的连接点——以"中国－中亚－西亚"经济走廊为例［J］．新疆师范大学学报，2016（3）．

［203］朴光姬，郭霞，李芳．政治互疑条件下的东北亚区域能源合作路径——兼论"一带一路"倡议与东北亚区域能源合作［J］．当代亚太，2018（2）．

［204］秦亚青，魏玲．新型全球治理观与"一带一路"合作实践［J］．外交评论，2018（2）．

［205］权衡，张鹏飞．亚洲地区"一带一路"建设与企业投资环境分析［J］．上海财经大学学报，2017（1）．

［206］曲建忠，张战梅．我国金融发展与国际贸易的关系——基于1991—2005年数据的实证研究［J］．国际贸易问题，2008（1）．

［207］盛斌，王璐瑶．全球经济治理中的中国角色与贡献［J］．江海学刊，2017（1）．

［208］桑百川．"一带一路"建设助力克服世界市场失灵［J］．求是，2016（19）．

［209］桑百川，王园园．中国与世界贸易规则体系的未来［J］．人民论坛，2015（23）．

［210］桑百川，王伟．对外开放四十年：基本经验与前景展望［J］．国际贸易，2018（12）．

［211］桑百川，王伟．逆全球化背景下东亚经济合作的机遇［J］．东北亚论坛，2018（4）．

［212］史丹．中国能源安全的新问题与新挑战［M］．北京：社会科学文献出版社，2012．

［213］孙久文，顾梦琛．"一带一路"倡议的国际区域合作重点方向探讨［J］．华南师范大学学报（社会科学版），2015（5）．

［214］桑明旭．"一带一路"倡议的出场语境、理论根基与时代价值——基于历史唯物主义视角的解读［J］．宁夏社会科学，2016（2）．

［215］沈梦溪．国家风险、多边金融机构支持与PPP项目融资的资本结

构——基于"一带一路"PPP 项目数据的实证分析 [J]. 经济与管理研究，2016（11）.

[216] 沈梦溪 . "一带一路"基础设施建设的资金瓶颈和应对之策 [J]. 国际贸易，2016（11）.

[217] 沈铭辉 . "一带一路"、贸易成本与新型国际发展合作——构建区域经济发展条件的视角 [J]. 外交评论，2019（2）.

[218] 沈能 . 金融发展与国际贸易的动态演进分析——基于中国的经验数据 [J]. 世界经济研究，2006（6）.

[219] 沈维萍，张莹 . "一带一路"建设中"贸易畅通"的区域经济效应——基于 GTAP 模拟的比较分析 [J]. 西部论坛，2020（4）.

[220] 申现杰，肖金成 . 国际区域经济合作新形势与我国"一带一路"合作战略 [J]. 宏观经济研究，2014（11）.

[221] 盛斌，高疆 . 中国与全球经济治理：从规则接受者到规则参与者 [J]. 南开学报（哲学社会科学版），2018（5）.

[222] 盛斌，靳晨鑫 . "一带一路"倡议：引领全球包容性增长的新模式 [J]. 南开学报（哲学社会科学版），2019（6）.

[223] 盛雯雯 . 金融发展与国际贸易比较优势 [J]. 世界经济，2014（7）.

[224] 盛毅，余海燕，岳朝敏 . 关于"一带一路"倡议内涵、特性及战略重点综述 [J]. 经济体制改革，2015（1）.

[225] [美] 斯塔夫里阿诺斯 . 全球通史（下）[M]. 吴象婴，等，译 . 北京：北京大学出版社，2006.

[226] 舒展，郑丛璟 . 西方国家"逆全球化"实质与合作共赢的新型全球化方案 [J]. 理论与评论，2020（2）.

[227] 宋彪，徐沙沙，丁庆洋 . "一带一路"倡议下企业合作及政府监管的机会主义行为演化博弈分析 [J]. 管理评论，2018（1）.

[228] 孙吉胜 . "一带一路"与国际合作理论创新：文化、理念与实践 [J]. 全球商业经典，2020（8）.

[229] 孙俊成，江炫臻 . "一带一路"倡议下中国与中东能源合作现状、挑

战及策略 [J]. 国际经济合作, 2018 (10).

[230] 孙伊然. 全球经济治理的观念变迁: 重建内嵌的自由主义 [J]. 外交评论, 2011 (3).

[231] 孙振宇. 中国在全球经济治理中的地位和作用 [J]. 太平洋学报, 2018 (1).

[232] 隋广军, 查婷俊. 全球经济治理转型: 基于"一带一路"建设的视角 [J]. 社会科学, 2018 (8).

[233] 谭畅. "一带一路"倡议下中国企业海外投资风险及对策 [J]. 中国流通经济, 2015 (7).

[234] 唐德祥, 周雪晴, 孙权. "一带一路"倡议背景下我国金融发展、对外经济开放与区域市场整合 [J]. 商业经济研究, 2015 (26).

[235] 汤永川, 潘云鹤, 张雪, 黄江杰. "一带一路"沿线六大经济走廊优势产业及制造业国际合作现状分析 [J]. 中国工程科学, 2019 (4).

[236] 屠新泉. 特朗普成不了全球化的终结者. 载王辉耀、苗绿主编, 全球化 VS 逆全球化: 政府与企业的挑战与机遇 [M]. 北京: 东方出版社, 2017.

[237] 屠新泉, 娄承蓉. 全球经济治理的挑战与中国担当 [N]. 学习时报, 2017 - 3 - 17.

[238] 涂永红, 白宗宸. "一带一路"产业合作金融支持体系 [J]. 中国金融, 2019 (3).

[239] 王凡一. "一带一路"倡议下我国对外投资的前景与风险防范 [J]. 经济纵横, 2016 (7).

[240] 王国刚. "一带一路": 基于中华传统文化的国际经济理念创新 [J]. 国际金融研究, 2015 (7).

[241] 王国刚. "一带一路": 建立以多边机制为基础的国际金融新规则 [J]. 国际金融研究, 2019 (1).

[242] 王海燕. "一带一路"视域下中蒙俄经济走廊建设的机制保障与实施路径 [J]. 华东师范大学学报 (哲学社会科学版), 2016 (3).

［243］王金波．"一带一路"与区域基础设施互联互通［N］．中国社会科学报，2014-10-24.

［244］王金波．从走廊到区域经济一体化："一带一路"经济走廊的形成机理与功能演进［J］．国际经济合作，2016（2）．

［245］王金波．"一带一路"经济走廊与区域经济一体化：形成机理与功能演进［M］．北京：社会科学文献出版社，2016.

［246］王金波．"一带一路"经济走廊贸易潜力研究——基础贸易互补性、竞争性和产业竞争力的实证分析．亚太经济，2017（4）．

［247］王永红．全球价值链理论视角下国际经贸格局新变化——以"一带一路"合作区域为例［J］．商业经济研究，2019（22）．

［248］王原雪，张晓磊，张二震．"一带一路"倡议的泛区域脱贫效应——基于 GTAP 的模拟分析［J］．财经研究，2020（3）．

［249］王正文，但钰宛，王梓涵．国家风险、出口贸易与对外直接投资互动关系研究——以中国-"一带一路"国家为例［J］．保险研究，2018（11）．

［250］外交部，商务部．推动共建丝绸之路经济带和 21 世纪海上丝绸之路的愿景与行动，2015.

［251］王立新．踌躇的霸权：美国崛起后的身份困惑与秩序追求（1913—1945）［M］．北京：中国社会科学出版社，2015.

［252］王明国．"一带一路"倡议的国际制度基础［J］．东北亚论坛，2015（6）．

［253］王颂吉，何昊．"一带一路"经济学的理论渊源与研究框架［J］．兰州大学学报，2017（3）．

［254］王颂吉，谷磊，苏小庆．"一带一路"引领新型全球化：变局研判与建设任务［J］．西北大学学报（哲学社会科学版），2019（2）．

［255］王艳红，孟猛，林玉杰．孟中印缅经济走廊建设面临的问题与对策［J］．对外经贸实务，2010（10）．

［256］汪亚青．逆全球化兴勃的逻辑机理、运行前景与中国方案的政治经济

研讨 [J]. 中共南京市委党校学报, 2019 (4).

[257] 王义桅. "一带一路" 2.0 引领新型全球化 [J]. 中国科学院院刊, 2017 (4).

[258] 王义桅. 绸缪 "一带一路" 风险 [J]. "一带一路" 华夏论坛, 2015 (2).

[259] 王义桅. 热话题与冷思考——关于 "一带一路" 与中国外交的对话 [J]. 当代世界与社会主义(双月刊), 2015 (4).

[260] 王义桅. 建设 "一带一路", 融通中国梦与世界梦 [J]. 社会科学报, 2015 (3).

[261] 王义桅. 世界是通的: "一带一路" 的逻辑 [M]. 北京: 商务印书馆, 2016。

[262] 王义桅. "一带一路" 的国际话语权探索 [J]. 探索, 2016 (2).

[263] 王义桅. "一带一路" 的中国智慧 [J]. 中国高校社会科学, 2017 (1).

[264] 王义桅, 郑栋. "一带一路" 倡议的道德风险与应对措施 [J]. 东北亚论坛, 2015 (4).

[265] 王亚军. "一带一路" 倡议的理论创新与典范价值 [J]. 世界经济与政治, 2017 (3).

[266] 王跃生, 马相东. 经济全球化新趋势与开放型世界经济建设 [J]. 中国特色社会主义研究, 2020 (3).

[267] 王语懿. 中蒙俄经济走廊建设面临的生态环境问题和绿色开发合作 [J]. 东北亚学刊, 2019 (3).

[268] 王中美. 全球贸易便利化的评估研究与趋势分析 [J]. 世界经济研究, 2014 (3).

[269] 万广华, 朱美华. "逆全球化": 特征、起因与前瞻 [J]. 学术月刊, 2020 (7).

[270] 翁东玲. "一带一路" 建设的金融支持与合作风险探讨 [J]. 东北亚论坛, 2016 (6).

［271］卫玲．"一带一路"：新型全球化的引擎［J］．兰州大学学报，2017（3）．

［272］温灏沈，继奔．"一带一路"投融资模式与合作机制的政策思考［J］．宏观经济管理，2019（2）．

［273］温来成，彭羽，王涛．构建多元化投融资体系服务国家"一带一路"倡议［J］．税务研究，2016（3）．

［274］吴志成，李金潼．国际公共产品供给的中国视角与实践［J］．政治学研究，2014（5）．

［275］吴振磊，吴丰华．"一带一路"经济学的学科特点与研究范畴［J］．兰州大学学报，2017（3）．

［276］夏彩云，贺瑞．"一带一路"倡议下区域金融合作研究［J］．新金融，2015（7）．

［277］薛文广，张英明．PPP模式推动"一带一路"建设的融资机制创新［J］．商业经济研究，2015（28）．

［278］徐崇利．变数与前景：中美对国际经济治理模式选择之分殊［J］．现代法学，2019（9）．

［279］许娇，陈坤铭，杨书菲，林昱君．"一带一路"交通基础设施建设的国际经贸效应［J］．亚太经济，2016（3）．

［280］许培源，王倩．"一带一路"视角下的境外经贸合作区：理论创新与实证检验［J］．经济学家，2019（7）．

［281］许勤华，袁淼．"一带一路"建设与中国能源国际合作［J］．现代国际关系，2019（4）．

［282］徐建军，汪浩瀚．我国金融发展对国际贸易的影响及区域差异——基于跨省面板数据的协整分析和广义矩估计［J］．国际贸易问题，2008（4）．

［283］徐秀军．"一带一路"建设实践的理论命题［J］．世界知识，2019（20）．

［284］谢孟军．文化能否引致出口："一带一路"的经验数据［J］．国际贸

易问题，2016（1）.

［285］徐坡岭，刘来会．"一带一路"愿景下资金融通的突破点［J］．新疆师范大学学报（哲学社会科学版），2016（3）.

［286］徐秀军．全球经济治理进入深度变革期［J］．经济研究参考，2015（63）.

［287］徐秀军．全球经济治理困境：现实表现与内在动因［J］．天津社会科学，2019（2）.

［288］许肖阳．"一带一路"视野下的中国西藏与尼泊尔次区域合作［J］．西藏民族大学学报（哲学社会科学版），2015（4）.

［289］［美］小约瑟夫·奈，［加］戴维·韦尔奇．理解全球冲突与合作：理论与历史［M］．张小明，译．上海：上海人民出版社，2017.

［290］杨晨曦．"一带一路"区域能源合作中的大国因素及应对策略［J］．新视野，2014（4）.

［291］姚公安．"一带一路"沿线欠发达地区基础设施融资模式：项目融资视角［J］．现代管理科学，2017（3）.

［292］杨广青，杜海鹏．人民币汇率变动对我国出口贸易的影响——基于"一带一路"沿线79个国家和地区面板数据的研究［J］．经济学家，2015（11）.

［293］严佳佳，辛文婷．"一带一路"倡议对人民币国际化的影响研究［J］．经济学家，2017（12）.

［294］叶前林，刘海玉．"一带一路"倡议下人民币国际化的新进展、新挑战与新举措［J］．对外经贸实物，2019（2）.

［295］于洪洋，欧德卡，巴殿君．试论"中蒙俄经济走廊"的基础与障碍［J］．东北亚论坛，2015（1）.

［296］余俊杰，支宇鹏，陈禹帆．中国与"一带一路"沿线国家的交通基础设施互联互通水平测度及动态演进［J］．统计与决策，2019（4）.

［297］阳佳余．融资约束与企业出口行为：基于工业企业数据的经验研究［J］．经济学（季刊），2012（4）.

［298］［美］约瑟夫·斯蒂格利茨．让全球化造福全球［M］．雷达，等，译．北京：中国人民大学出版社，2013.

［299］［美］约瑟夫·斯蒂格利茨，安德鲁·查尔顿．国际间的权衡交易：贸易如何促进发展［M］．沈小寅，译．北京：中国人民大学出版社，2014.

［300］尹轶立，刘澄．文化距离对中国与"一带一路"沿线国家双边贸易往来的影响——基于1993—2015年跨国贸易数据的实证［J］．产经评论，2017（3）.

［301］袁新涛．"一带一路"建设的国家战略分析［J］．理论月刊，2014（11）.

［302］姚宇，李忠民，夏德水．丝绸之路经济带经济发展因果链分析［J］．经济与管理研究，2015（11）.

［303］赵波，张春和．论"一带一路"倡议的文化意蕴——基于世界文化交往思想的视角［J］．学术论坛，2016（1）.

［304］曾艳萍．中国与"一带一路"沿线国家文化贸易总体格局与互补性研究［J］．上海对外经贸大学学报，2020（2）.

［305］周方银．"一带一路"面临的风险挑战及其应对［J］．国际观察，2015（4）.

［306］张二震，戴翔．完善全球经济治理与中国新贡献［J］．世界经济研究，2017（12）.

［307］张红力．金融引领与"一带一路"［J］．金融论坛，2015（4）.

［308］张俊．公私利益选择与公共品供给动态有效性：经济思想史的视角［J］．外国经济学说与中国研究报告，2012.

［309］张军．我国西南地区在"一带一路"开放战略中的优势及定位［J］．经济纵横，2014（11）.

［310］张伟伟，李天琦，高锦杰．"一带一路"沿线国家绿色金融合作机制构建研究［J］．经济纵横，2019（3）.

［311］张晓涛，王淳，刘亿．中国企业对外直接投资政治风险研究——基于

大型问题项目的证据 [J]. 中央财经大学学报, 2020 (1).

[312] 赵东麒, 桑百川. "一带一路"倡议下的国际产能合作——基于产业
国际竞争力的实证分析 [J]. 国际贸易问题, 2016 (10).

[313] 赵静. "一带一路"国家贸易畅通水平测度分张俊, 公私利益选择与
公共品供给动态有效性: 经济思想史的视角, 外国经济学说与中国研
究报告析 [J]. 市场周刊, 2019 (7).

[314] 赵静, 于豪谅. "一带一路"背景下中国—东盟贸易畅通情况研究
[J]. 经济问题探索, 2017 (7).

[315] 赵晋平. "一带一路"设施联通合作机制建设的新探索 [N]. 中国经
济时报, 2017 - 5 - 12.

[316] 赵可金. "一带一路"民心相通的理论基础、实践框架和评估体系
[J]. 当代世界, 2019 (5).

[317] 赵渊博. "一带一路"贸易畅通便利化机制建设研究 [J]. 北方经济,
2018 (4).

[318] 赵子华, 叶前林, 何伦志. 一带一路"倡议助推人民币国际化面临的
障碍及策略选择 [J]. 对外经贸实务, 2018 (1).

[319] 张娟, 雷辉, 王云飞, 刘钻石. "一带一路"沿线国家的交通基础设
施投资效率的比较 [J]. 统计与决策, 2016 (19).

[320] 翟崑, 王丽娜. "一带一路"背景下的中国—东盟民心相通现状实证
研究 [J]. 云南师范大学学报 (哲学社会科学版), 2016 (6).

[321] 张可云, 邓仲良. "一带一路"区域合作框架的构建逻辑 [J]. 开放
导报, 2017 (2).

[322] 张莉. "一带一路"倡议应关注的问题及实施路径 [J]. 中国经贸导
刊, 2014 (9下).

[323] 张茉楠. 全面提升"一带一路"倡议发展水平 [J]. 宏观经济管理,
2015 (2).

[324] 张礼卿. 经济全球化的成因、利益和代价 [J]. 世界经济, 1999
(8).

［325］赵可金．"一带一路"的六条经济走廊［N］．中国网，2015 – 6 – 3．

［326］赵立庆．"一带一路"倡议下文化交流的实现路径研究［J］．学术论坛，2016（5）．

［327］者贵昌．"一带一路"建设背景下中国与泰国金融合作的机遇与挑战［J］．东南亚纵横，2017（1）．

［328］郑志来．"一带一路"战略与区域经济融合发展路径研究［J］．现代经济探讨，2015（7）．

［329］中国国家发改委，外交部，商务部．推动共建丝绸之路经济带和21世纪海上丝绸之路的愿景与行动［N］．人民日报，2015 – 3 – 29．

［330］周平．"一带一路"面临的地缘政治风险及其管控［J］．探索与争鸣，2016（1）．

［331］赵青松．G20机制下的国际货币政策协调实践及策略选择［J］．亚太经济，2011（5）．

［332］赵儒煜，肖模文，王媛玉．从"一带一路"战略看全球经济失衡的治理路径创新［J］．华南师范大学学报，2017（4）．

［333］朱苏荣．"一带一路"战略国际金融合作体系的路径分析［J］．金融发展评论，2015（3）．

［334］周铁军，刘传哲．中国能源企业对外直接投资区位选择的实证研究［J］．南方金融，2010（6）．

［335］郑丽楠，梁双陆，刘林龙．中国与六大经济走廊沿线国家的贸易联系问题研究［J］．当代经济管理，2019（3）．

［336］郑伟，桑百川．"一带一路"倡议的理论基础探析——基于世界市场失灵的视角［J］．东北亚论坛，2017（2）．

［337］张蕴岭．中国如何参与全球治理和规则博弈［J］．世界知识，2016（15）．

［338］张蕴岭．"一带一路"建设推动新型发展合作［N］．人民日报，2017 – 5 – 15．

［339］张晓静，李梁．"一带一路"与中国出口贸易：基于贸易便利化视角

［J］．亚太经济，2015（3）．

［340］张祥建，彭娜．"一带一路"倡议的合作重点和推进策略［J］．华南师范大学学报，2017（4）．

［341］张秀杰．东北亚区域经济合作下的中蒙俄经济走廊建设研究［J］．学习与探索，2015（6）．

［342］张辛雨．"一带一路"倡议下中国新疆与哈萨克斯坦跨边界次区域经济合作［J］．长春金融高等专科学校学报，2015（2）．

［343］张亚光．"一带一路"：从历史到现实的逻辑［J］．东南学术，2016（3）．

［344］张宇燕．全球治理的中国视角［J］．世界经济与政治，2016（9）．

［345］张兆安．"一带一路"开辟两岸经贸合作新空间［N］．联合时报，2015－7－14．

［346］张忠华，刘飞．马克思主义开放经济思想与"一带一路"倡议［J］．中共青岛市委党校青岛行政学院学报，2017（1）．

［347］周宇．全球经济治理与中国的参与战略［J］．世界经济研究，2011（11）．

［348］庄雷，王烨．金融科技创新对实体经济发展的影响机制研究［J］．软科学，2019（2）．

［349］朱雄关，张帅．能源"大丝路"：中国能源合作的新格局［J］．云南大学学报（社会科学版），2018（3）．

后　记

本书是国家社科基金重点项目《“一带一路”倡议与全球经济治理研究》（项目批准号：17AZD010）的最终研究成果。对外经济贸易大学桑百川教授担任课题组负责人，课题组成员由来自对外经济贸易大学国际经济研究院、国务院发展研究中心、中国服务外包研究中心的专家学者和博士生组成。李计广教授、李玉梅教授、隆国强研究员、李光辉研究员、郭桂霞教授、邓慧慧教授分别担任子课题负责人，并参加课题论证。本书编写分工为：前言：桑百川；第一章：桑百川、李玉梅、李计广；第二章：郭桂霞、蔡彤娟、李玉梅、桑百川；第三章：桑百川、郑伟、刘雨涵；第四章：史瑞祯、张梦莎、王伟；第五章：刘璐；第六章：邓慧慧。全书由桑百川修改定稿。

本书出版得到国家社科基金项目资助。希望本书的出版能够为从事“一带一路”倡议研究和全球经济治理研究的学者提供参考。由于水平所限，本书中难免疏漏和错误，希望读者指正。

对外经济贸易大学　桑百川

2021 年 7 月 1 日